Stefan Hartmann

Klarstellungen in einer Zeitenwende

Klarstellungen in einer

ZEITEN-
WENDE

Stefan Hartmann

fe

1. Auflage 2024

Hauptstr. 22, D-88353 Kißlegg
www.fe-medien.de

ISBN 978-3-86357-414-7

Coverfoto: Basílica Sagrada Família, Barcelona, ©Sandra Dorn
Umschlaggestaltung und Satz: Monika Feiner
Druck: arkadruk, Polen

Printed in EU

INHALTSVERZEICHNIS

VORWORT

Die hier in einem Buch präsentierten und leicht überarbeiteten Texte sind in den Jahren 2022-2024 erstmals in „Die Tagespost" (Würzburg) und im „Vatican-Magazin" (Kißlegg) erschienen. Es sind „Klarstellungen" (Hans Urs von Balthasar) und Klärungsversuche, die sich ohne Fußnoten in einer nicht nur politischen Zeitenwende an eine allgemeingebildete Leserschaft richten. Selbstverständlich soll dabei wie in meinen Heiligenkreuzer Essay-Bänden „Quid est veritas?" (2021) und „Veritatis splendor et gaudium" (2023) für die christliche Wahrheit ein Zeugnis gegeben werden.

Den Chefredakteuren der beiden katholischen Periodika, Herrn Guido Horst und Herrn Bernhard Müller, danke ich für die Zusammenarbeit und die Druckerlaubnis. Anregungen für die Aufsätze verdanke ich Frau Monika Gräfin Metternich und Herrn Dr. Stefan Meetschen.

Möge das Dargebotene in der Unterscheidung der Geister und der Bestärkung des Glaubens eine Hilfe sein!

Bamberg, im März 2024
Stefan Hartmann

9 KLÄRUNGEN

ZEITENWENDE AUCH FÜR DIE KIRCHE?

Nach dem aggressiven Bruch des Völkerrechts durch den Einmarsch der russischen Truppen Putins in die unabhängige Ukraine am 24. Februar 2022 sprach Bundeskanzler Olaf Scholz im Deutschen Bundestag von einer „Zeitenwende“. Dieser Begriff wurde nicht umsonst vom zuständigen Gremium zum „Wort des Jahres 2022“ gewählt. Die Friedenszeit nach dem Ende des kalten Krieges, die dennoch Kriegseinsätze im ehemaligen Jugoslawien, in Syrien, in Afghanistan und im Irak erleben musste, war plötzlich Vergangenheit. Ähnliche Zeitenwenden, die es im Lauf der europäischen und der Welt-Geschichte seit der Antike und ihrer „Achsenzeit“ (Karl Jaspers) immer wieder gab, waren nach dem Ende des Zweiten Weltkrieges im positiven Sinn der Fall der Mauer und des Eisernen Vorhangs im „Wendejahr“ 1989, das umgangssprachlich einfach als „Wende“ galt. Eine für jeden spürbare Wende war die Einführung neuer Währungen 1948 und 2002. Auch das allgemeine gesellschaftliche Bewusstsein hat sich in der „Postmoderne“ gewandelt – etwa was Gleichberechtigung der Geschlechter und der sexuellen Identitäten betrifft. Die Themen Umweltschutz, Klimaneutralität und Migration haben sich weltweit vom Rand in den Vordergrund gestellt. Ein zum Atheismus neigender Transhumanismus, etwa bei Yuval Noah Harari, findet zunehmend Aufmerksamkeit und Anhängerschaft.

Gibt es analog eine Zeitenwende oder eine sich über einen längeren Zeitraum erstreckende Wendezeit auch im Leben der Kirche? Da wären neuzeitlich die Reformation und Gegenreformation zu nennen, dann die Folgen von Josephinismus und Aufklärung, der französischen Revolution und der totalitären Revolutionen des 20. Jahrhunderts, die das Christentum und die Kirche(n) in die Defensive oder gar in blutige Verfolgung brachten. Eine positiv empfundene Zeitenwende war das Zweite Vatikanische Konzil (1962-1965), das erstmals den interreligiösen Dialog, besonders mit den Juden, die Ökumene und die Religionsfreiheit anerkannte. Diese Neuerungen und die ihnen folgende Liturgiereform mit Einführung der Volkssprache und des Volksaltars wurden von traditionalistischen Gruppierungen allerdings scharf abgelehnt und führten bei der „Piusbruderschaft" durch unerlaubte Bischofsweihen 1988 in ein Schisma. Der Versuch Papst Benedikts XVI., durch Zulassung der alten Messe (2007) und Aufhebung der Exkommunikation der unerlaubt geweihten Bischöfe (2009) dieses Schisma zu heilen, ist nicht nur wegen eines notorischen Holocaustleugners, sondern vor allem wegen der starrsinnigen Konzilsablehnung der anderen „Lefebvre-Bischöfe" gescheitert. Als kirchliche Zeitenwende kann auch der überraschende Rücktritt Papst Benedikts XVI. im Jahr 2013 und schließlich danach die Wahl des argentinischen Jesuiten Jorge Bergoglio zum Papst angesehen werden. Mit der Namenswahl „Franziskus“ hat er die Armen in den Vordergrund gestellt und mit dem Konzept der „Synodalität“ ein neues Kirchenverständnis propagiert.

Joseph Kardinal Ratzinger/Benedikt XVI. als Zeitdiagnostiker

Joseph Ratzinger/Benedikt XVI. (1927-2022) ist als Konzilstheologe, Bischof, Kardinal und Papst wie niemand anders maßgebend für die Deutung der Zeitenwende des Konzils und seiner richtigen Hermeneutik. Bei den vielen Nachrufen auf ihn wurde bisher wenig auf seine Rolle als profilierter Zeitdiagnostiker und Zeitanalytiker eingegangen. Geschichte hat Ratzinger/Benedikt XVI. nicht nur geschichtstheologisch, sondern ganz real in ihren Erscheinungen gedeutet – bis hin zur Kritik am Marxismus der 1968er-Bewegung oder bestimmter Strömungen der Befreiungstheologie. Er war eben weit mehr als nur ein herausragender Theologe, weshalb er auch im Januar 2004 in der Münchner Katholischen Akademie ein kongenialer Gesprächspartner des bekannten Sozialphilosophen Jürgen Habermas sein konnte. Nach der politischen Wende veröffentlichte er „Wendezeit für Europa? Diagnosen und Prognosen zur Lage von Kirche und Welt“ (Freiburg 1991). Dort ging es um die Antwort des Glaubens auf die Krise der Werte, des Rechts, der Gerechtigkeit und des Friedens. Dazu findet sich auch viel in den einzigartigen Gesprächsbänden mit Vittorio Messori und seit 1996 mit Peter Seewald. Kurz vor seiner Papstwahl erschien die Aufsatz- und Redensammlung „Werte in Zeiten des Umbruchs“ (Freiburg 2005), die auch den Text „Europas Identität. Seine geistigen Grundlagen gestern, heute, morgen“ aus der viel zu wenig beachteten Diskussion mit dem säkularen italienischen Senatspräsidenten Marcello Pera aus dem Jahr 2004 enthält. Dem schloss sich die gemeinsame Veröffentlichung „Ohne Wurzeln. Der Relativismus und die Krise der europäischen Kultur“ (Augsburg 2005) an mit dem am Vorabend des Todes von Papst Johannes Paul II. gehaltenen Europa-Vortrag in Subiaco. Als Papst schreibt Joseph Ratzinger/Benedikt XVI. im September 2009 ein bestätigendes Vorwort zum Pera-Band „Warum wir uns Christen nennen müssen. Plädoyer eines Liberalen“ (Augsburg 2009). Dort wird die Logik des Liberalismus mit dem Bekenntnis zum christlichen Gott verbunden. In seiner Rede vor dem Deutschen Bundestag am 22. September 2011 bezieht sich Benedikt XVI. vor allem auf das oft vergessene Naturrecht als ethische Norm und „Aufhalter“ *(Katechon)* des Relativismus. Seinem Freund Pera wird er später jedoch in der Begründung der Menschenrechte und dem Vergessen der Erbsündenlehre allerdings auch teilweise widersprechen müssen.

In anderen Diagnosen der europäischen Kultur stellte sich Ratzinger/Benedikt XVI. an die Seite des britischen Kulturtheoretikers und Geschichtsphilosophen Arnold Toynbee (1889-1975), der der pessimistischen Sicht Oswald Spenglers („Der Untergang des Abendlands“) widersprochen hat und auf die Chancen von *„creative minorities“* verwies, die in einem *„élan vital“* (Henri Bergson) der Geschichte eine positive Richtung weisen können. Der Theologenpapst aus Bayern verweist auch auf den für Europas Identität wichtigen Punkt von Ehe und Familie und beschließt einen Vortrag im italienischen Senat am 13. Mai 2004 mit den Worten: „Wie es mit Europa weitergehen wird, wissen wir nicht. Die Charta der Grundrechte kann ein erster Schritt sein, dass es wieder bewusst seine Seele sucht. Toynbee ist darin Recht zu geben, dass das Schicksal einer Gesellschaft immer wieder von schöpferischen Minderheiten abhängt. Die gläubigen Christen sollten sich als eine solche schöpferische Minderheit verstehen und dazu beitragen, dass Europa das Beste seines Erbes neu gewinnt und damit der ganzen Menschheit dient“ (Werte in Zeiten des Umbruchs, 88). Kreative, mutige und standhafte Einzelne sind heute gesucht als missionarische und glaubwürdige Zeugen der Glaubenswahrheit und der Glaubenspraxis. Kreative Minderheiten waren in der Kirchengeschichte auch die Reformbewegungen des benediktinischen Mönchtums, der großen Heiligen Franziskus und Dominikus, die Gründungen des Ignatius von Loyola und eines Franz von Sales. Die vor und nach dem Zweiten Vatikanischen Konzil entstandenen so genannten „geistlichen Bewegungen“ hatten nicht dieselbe Ausstrahlungskraft und Ausdauer. Sie waren leider manchmal selbst in das verstrickt, was im negativen Sinne inzwischen eine Zeitenwende geworden ist: den internationalen Skandal des sexuellen und geistlichen Missbrauchs von Kindern, Jugendlichen und Erwachsenen durch Kleriker und Bedienstete der Kirche.

Der Missbrauchsskandal als Zeitenwende der Kirche

Die Kirche ist nicht irgendein „Verein", in dem wie in Sport- oder Musikvereinen Missbrauch auch vorkommt, sondern sie hat einen hohen moralischen und geistlichen Anspruch, weshalb die Verfehlungen ihrer Vertreter ein besonders großes Ärgernis bilden. Jesus hatte dafür das Wort: „Wer einen von diesen Kleinen, die an mich glauben, zum Bösen verführt, für den wäre es besser, wenn er mit einem Mühlstein um den Hals ins Meer geworfen würde" (Mk 9,42; Mt 18,6). In die breite Öffentlichkeit kam kirchlich-klerikaler Missbrauch erst ab 1990, beginnend in den USA, in Kanada und in Irland. Dort breitete sich – wie Benedikt XVI. als emeritierter Papst 2019 nach einem Krisengipfel im Vatikan mit Papst Franziskus und den Vorsitzenden aller Bischofskonferenzen in einem klugen Beitrag für das Münchner „Klerusblatt" festhielt – die Abkehr von der katholischen Sexualmoral und die Pädophilie-Freundlichkeit als Folge der 68er-Kulurrevolution besonders aus. Später kamen Südamerika (Chile), Afrika (vor allem Missbrauch an Ordensfrauen) und andere europäische Länder hinzu. Seit 2010, als durch den mutigen Jesuiten Klaus Mertes zuerst der Missbrauchsskandal am Berliner Canisius-Kolleg aufflog und dann die Zustände im Kloster Ettal bekannt wurden, war auch die deutsche Kirche vom Skandal erfasst. Die Eskalation der Krise geschah ausgerechnet in einem von Papst Benedikt XVI. ausgerufenen „Priesterjahr", in dem nach der päpstlichen Ostermesse auf dem Petersplatz der als notorischer

Vertuscher bekannte (inzwischen verstorbene) Kardinaldekan Angelo Sodano die Missbrauchskrise als „unbedeutendes Geschwätz des Augenblicks" abtun wollte. Im September 2018 erschien in Deutschland die den Missbrauch dokumentierende und kommentierende wissenschaftliche „MHG-Studie", deren Ergebnisse erschreckend waren, genau wie die der reihenweise seither veröffentlichten Gutachten, bei denen die Diözesen Köln, München und Münster den Anfang machten.

Es gab in Deutschland und vielen anderen Ländern einfach zu viele klerikale Missbrauchsfälle, als dass man noch von „Einzelfällen" reden könnte. Benedikt schrieb 2019 zu Beginn seiner oft heftig angefochtenen und viele Dinge beim Namen nennenden Missbrauch-Analyse im Klerusblatt: „Der Umfang und das Gewicht der Nachrichten über derlei Vorgänge haben Priester und Laien zutiefst erschüttert und für nicht wenige den Glauben der Kirche als solchen in Frage gestellt. Hier musste ein starkes Zeichen gesetzt und ein neuer Aufbruch gesucht werden, um die Kirche wieder wirklich als Licht unter den Völkern und als helfende Kraft gegenüber den zerstörerischen Mächten glaubhaft zu machen". Es gibt angesichts der Dimensionen des Skandals nicht mehr einen spirituell-theologischen Trost wie etwa den, dass die Kirche immer auch eine „Kirche der Sünder" (Karl Rahner) oder in ihrer Untreue eine „keusche Hure – casta meretrix" (Hans Urs von Balthasar) sei. Ihr „unbeflecktes" Urbild hat sie ohnehin nur in Maria, der Mutter Jesu, der sie am Kreuz mit dem Jünger Johannes zu einer neuen Familie verbunden hat.

Wie der Kölner Arzt und Psychiater Manfred Lütz als Kenner des Vatikans öfter bekräftigte, hat Benedikt XVI. mehr als sein polnischer Vorgänger und sein argentinischer Nachfolger gegen den klerikalen Missbrauch unternommen. Er hat viele Täter aus dem Klerikerstand entlassen und den zwiespältig-verbrecherischen Gründer der „Legionäre Christi" endlich kaltgestellt. Die Publikation der ehemaligen Ordensfrau Doris Reisinger und des Filmregisseurs Christoph Röhl „Nur die Wahrheit rettet. Der Missbrauch in der katholischen Kirche und das System Ratzinger" (München 2021) wird seinem Wirken nicht gerecht, verzeichnet die Verantwortlichkeiten und genügt keinen wissenschaftlichen Ansprüchen. Man muss auch sagen dürfen, dass es eine Instrumentalisierung des Missbrauchs zur Durchsetzung kirchenpolitischer Forderungen und somit einen „Missbrauch des Missbrauchs" (Bischof Rudolf Voderholzer) gab. Aber die MHG-Studie, die sicher nicht unfehlbar war und teilweise begründete Kritik bekam, konnte nachweisen, dass es bei Missbrauch und Vertuschung von Missbrauch durchaus „systemische Ursachen" gab. Dies war dann für viele ein Anlass, auch pauschal Forderungen zu stellen nach Aufhebung des Pflichtzölibates, Einführung des Frauenpriestertums und einer Wende in der Geschlechtermoral. In der Folge kam es 2019 zur Entscheidung der Deutschen Bischofskonferenz (DBK) und des Zentralkomitees der deutschen Katholiken (ZdK), sich auf einen „Synodalen Weg" mit vier „Synodalforen" (Macht und Gewaltenteilung, Priesterliche Existenz heute, Frauen in Diensten der Kirche,

Leben in gelungenen Beziehungen) zu machen und Möglichkeiten der Reform zu beschließen. Dieser Weg, zu dem Papst Franziskus 2019 einen leider wenig beachteten Brief an das „pilgernde Volk Gottes in Deutschland“ mit dem Schwerpunkt „Evangelisierung“ schrieb, steht nun kurz vor seinem Abschluss und sollte in den synodalen Prozess der Weltkirche 2021-2024 einmünden. Die Verstetigung des deutschen synodalen Weges durch einen „Synodalen Rat“ wurde im Januar 2023 von drei Kurienkardinälen im Auftrag des Papstes in einem Brief an den DBK-Vorsitzenden Bischof Georg Bätzing in aller Form abgelehnt (dies wurde am 16. Februar 2024 erneut schriftlich bestätigt).

Zur geschilderten Missbrauchskrise, deren Wucht erst nach und nach wahrgenommen wurde, kommen noch hinzu die Berufungskrise in Orden und Priesterseminaren, der auch durch die Corona-Pandemie beförderte massive Rückgang an Gottesdienstbesuchern, die stetig steigenden Zahlen der Kirchenaustritte und der nicht mehr zu ignorierende Rückgang an Theologiestudenten. Viele Theologische Fakultäten sind in ihrer Existenz gefährdet, was nicht an mangelnden Finanzen liegt. Zurecht sagte Bischof Bätzing am 23. Januar 2023 gegenüber dem offiziösen Internet-Portal „katholisch.de“: „Krise klingt womöglich viel zu harmlos. Wir erleben eine Zeit der Disruptionen“. Es sei eine der schwersten Krisenzeiten der zurückliegenden Jahrhunderte und es käme entweder zu einem Desaster oder einem neuen Aufbruch.

Paradigmenwechsel in der Sexualmoral?

Eine weitere Frage stellt sich: Soll und wird die Zerstörung der kirchlichen Glaubwürdigkeit aufgrund der viel zu vielen Missbrauchsskandale nun nicht doch zu einer neuen und anderen Sexualmoral führen? Ist hier ein „Paradigmenwechsel“ angesagt, obwohl ja sexuelle Gewalt und sexueller Missbrauch ohnehin gegen jede alte oder neue Sexualmoral verstieß? Im September 2022 hat eine knappe Sperrminorität von deutschen Bischöfen zum Leidwesen der Mehrheit verhindert, dass der „Synodale Weg“ ein weitgehend von der Gender-Theorie geprägtes liberales Papier beschloss, welches auch homosexuellen Verbindungen Gleichwertigkeit zuerkannt hätte. Einige Bistümer (Limburg, Magdeburg) wollen es nun autonom durchführen. Gute Argumente haben beide Seiten. Die „konservativ“ Beharrenden können sich auf die noch zu wenig bekannte „Theologie des Leibes“ des hl. Papst Johannes Paul II. oder wichtige Texte von C.S. Lewis, Josef Pieper und Bernhard Meuser („Freie Liebe“, Basel 2020) berufen, die Reformkräfte auf die Beziehungsethik des 2020 bei einem Unglück verstorbenen führenden deutschen Moraltheologen Eberhard Schockenhoff, der im April 2019 vor den deutschen Bischöfen in Lingen einen wichtigen Vortrag hielt und posthum das sachorientierte Buch „Die Kunst zu lieben. Unterwegs zu einer neuen Sexualethik“ (Freiburg 2021) veröffentlichte (allerdings ohne das geplante Kapitel zu gleichgeschlechtlichen Lebensgemeinschaften). Zuvor erschien ebenfalls bei Herder ein Schockenhoff gewidmetes Kompendium „Vom Vorrang der Liebe – Zeitenwende für die katholische Sexualmoral" (Freiburg 2020). Dieses Buch des Mainzer (Stephan Goertz) und Münchener (Christof Breitsameter) Moraltheologen will sich von Konturen und Normen der traditionellen katholischen Sexualmoral absetzen. Augustinus wird wie heute üblich zum schwarzen Sündenbock der christlichen Sexualmoral gemacht, ohne den Lehrer der Liebe zu würdigen. Das Naturrecht wird im Gefolge Kants zuerst relativiert und dann abgelehnt. Die bisherige kirchliche Sexualmoral auch des Katholischen Katechismus steht unter der Anklage, lieblos und diskriminierend eine weltfremde Gesetzesmoral zu propagieren.

Was kann aus der Sicht der Seelsorge zu diesem heiklen Thema gesagt werden? Es ist weitgehend eine Frage der Sprache und der Sensibilität. Liebe als Kriterium ist mehr als bloße Rhetorik. Auf einen homosexuellen Menschen angesprochen sagte Papst Franziskus den berühmten Satz: „Wer bin ich, ihn zu verurteilen?". Anders als noch vor dreißig Jahren ist Homosexualität in freiheitlichen Gesellschaften inzwischen anerkannt und entkriminalisiert. Zurecht betont die Kirche mit mehreren Päpsten den Vorrang der Barmherzigkeit und sollte daher, zumal nach den Missbrauchsskandalen, harte und pauschale Urteile vermeiden. Der Primat der Liebe kann es beiden Seiten möglich machen, in Fragen der Sexualmoral und der sexuellen Identität in Respekt vor Andersdenkenden diskret Zurückhaltung zu üben. Die Formulierungen des Katechismus von 1992 zu diesen Fragen wären in kluger und behutsamer Weise zu überarbeiten – ohne nichtchristlichen Gender-Theorien nachzugeben.

Blick nach vorn

Die globale Missbrauchskrise der Kirche und ihres Klerus ist nicht zu ignorieren und lässt sich mit keinen kurzatmigen Reformen abschütteln. Sie war eine Zeitenwende, der andere Wenden folgen müssen. Sie kann im Nachhinein die Kirche und ihre Vertreter bescheidener, demütiger und damit glaubwürdiger machen. Die neue Lage ruft nach Umkehr zum Wesentlichen, zu Jesus Christus und zu seinem Evangelium. Ehrlichkeit und Transparenz sind in der noch nicht beendeten Aufarbeitung des Missbrauchs gefordert. Kein Bischof, der sich durch Tun oder Unterlassen verfehlt hat, soll sich seiner Verantwortung entziehen dürfen. Leider geschieht dies immer noch oder wird auf die lange Bank geschoben.

Die kirchliche Zeitenwende durch den Missbrauchsskandal beinhaltet dann ohne Instrumentalisierung auch die Chance eines neuen, unverdorbenen und zuversichtlichen Neuanfangs im Glauben und in der Nachfolge. Das wäre ein Aufbruch ohne Lethargie, ohne Resignation, ohne ethischen Relativismus und ohne Flucht in esoterischen Gnostizismus wie die New Age-Bewegung oder die Anthroposophie. Paulus sagt es vor: „Ich vergesse, was hinter mir liegt, und strecke mich nach dem aus, was vor mir ist“ (Phil 3,13). Zwar gilt es zunächst, „die neue Existenzform als religiöse Minderheit auszuhalten“ (Andreas Püttmann), dann aber nach und nach als „schöpferische Minderheit“ (Toynbee/ Ratzinger), die um die zentrale Mission der Liebe weiß, in der Welt zu wirken. Es gibt genug zu tun in allen Bereichen von Arbeit, Verantwortung und geistlichem Einsatz. An der Art, wie dies geschieht, wird man die echten Christen erkennen, denn „Glaubhaft ist nur Liebe“, wie Hans Urs von Balthasar vor 60 Jahren eine theologische Programmschrift nannte. Papst Franziskus hat dasselbe mehrmals betont in seinen eindringlichen Ansprachen. Schon der „Brief an Diognet“ aus dem 2. Jahrhundert wusste nach der größten Zeitenwende der Geschichte, nach der wir unsere Jahre zählen, über die Minderheitenlage der Christen zu sagen: „Was im Leib die Seele ist, das sind in der Menschheit die Christen“. Das gelingt jedoch nur, wenn sie unter sich einig und nicht zerstritten sind. Gerade als Minderheit können Christen so Sauerteig, Salz der Erde und Licht der Welt sein (Mt 5,13-16). Die Orientierung am Papst als Kompass für den Weg der Kirche ist dabei hilfreicher als synodale Machtkämpfe um Strukturfragen.

Vatican-Magazin 3/2023

BRAUCHT CHRISTSEIN KIRCHE?

Im Rahmen des viele mit Reformhoffnungen motivierenden, aber durch seinen Säkularismus auch viele irritierenden „Synodalen Weges“ der Deutschen Bischofskonferenz und des Zentralkomitees der deutschen Katholiken wurde nicht nur über Frauenpriestertum und Zölibatspflicht diskutiert, sondern auch darüber abgestimmt, ob es ein priesterliches Amt in einem zeitgemäßen Christentum überhaupt noch braucht. Das war keine bloße Provokation, sondern eine wirkliche Frage der einem modernen Dekonstruktivismus zuneigenden Frankfurter Delegiertenmehrheit. Es wird dann argumentiert, Jesus habe kein hierarchisches klerikales Priestertum begründet, sondern seine Jüngerschaft zur gleichberechtigten Brüderlichkeit/Geschwisterlichkeit und gegenseitigen Liebe verpflichtet. Standesunterschiede habe es im Urchristentum noch nicht gegeben, sondern seien eine mittelalterliche auf römischem Recht basierende Fehlentwicklung, die eine Reform der Kirche hinter sich lassen müsse. Wer einmal solche Erwägungen begonnen hat, wird dann auch weiter fragen, ob Christsein überhaupt einer Kirche wie der weltweit agierenden und kirchenrechtlich verfassten römisch-katholischen Kirche bedarf. Ist Religion und Christsein nicht Privatsache, die zuerst den Einzelnen in seiner Nachfolge betrifft und alles Soziale und Rechtliche als verfremdend ausblendet? Der radikale Christ Sören Kierkegaard, dem die katholische Marianität und Gemeinschaft der Heiligen nicht vertraut war, hat im 19. Jahrhundert die bürgerliche dänische Staatskirche sogar als Verunmöglichung echten Glaubens gesehen und sich vor seinem Tod als Christuszeuge massiv gegen sie gestellt.

Braucht sich ein Gläubiger von einer amtlichen Institution oder einem Kleriker etwas in seinen Glauben und sein persönliches Christusverhältnis hineinsagen lassen? Gewiss nicht! Aber Kierkegaard hat übersehen, was Joseph Ratzinger/Benedikt XVI. 2006 als Motto seines Besuchs in seiner bayerischen Heimat wählte: „Wer glaubt, ist nie allein!" Das gilt übernational-global und auch existentiell vor Ort. Wie wenig Priestertum und Kirche überflüssig sind, erkennt man am unmittelbarsten aus der Perspektive einer Pfarrei, in der ein Christ geboren und getauft, gefirmt und verheiratet wird, seinen Sonntag hält, die Sakramente der Buße und Eucharistie empfängt und am Ende seines Lebens kirchlich begraben wird. So hat eine Pfarrei den Gläubigen bisher Geborgenheit, Verlässlichkeit und Heimat im Glauben vermitteln können, in denen niemand „allein" oder isoliert blieb. Das Kirchenjahr hat immer wieder die Heilsereignisse in Erinnerung gebracht, die Glocken riefen nicht zu Protest, sondern zu Gebet und Gottesdienst.

Leider ist dieser Zusammenhang im Zuge moderner und säkularisierender Entwicklungen oft abhandengekommen. Der Sonntag hat seine sakrale Bedeutung verloren, der Gottesdienstbesuch ließ rapide nach und in die Pfarrgemeinden ist dann oft ein ungeistlicher Aktivismus eingedrungen.

Ein Roman wie Georges Bernanos' „Tagebuch eines Landpfarrers" (1936) trifft kaum noch die heutige Pfarrei-, Priester- und Glaubenswirklichkeit. „Kooperative Pastoral" von Seelsorge-Teams hat den Bezug zu einem Pfarrer als „pastor proprius" (eigener Hirte) in den immer größeren „Seelsorgeeinheiten" verstellt. Damit steigt die Versuchung, das Christsein orientierungslos allein zu leben, auf die private Bibellektüre zu beschränken oder ohne jede Praxis gar ganz aufzugeben. Glücklich, wer einen außerpfarrlichen Bezug in einer geistlichen Gemeinschaft oder bei einem ausstrahlenden Kloster gefunden hat. Denn ohne jede Form verdunstet der Glaube, wie ebenfalls von Bernanos gesehen wurde.

Dass christlicher Glaube einen „Widerhaken" braucht, an dem er sich festhalten und auch anstoßen kann, ergibt sich aus seiner inkarnatorischen Struktur. Sonst könnte, wer ohne Priester, ohne Sakramentalität und ohne Kirche Christ sein will, bald auf die Idee kommen, dass auch Christus relativierbar ist im Sinne pluralistischer Religionstheorien. Der Bonner Theologe Karl-Heinz Menke hat in mehreren Büchern vor diesen Abwegen gewarnt, zuletzt in „Inkarnation. Das Ende aller Wege Gottes" (Regensburg 2021). Dieser „Widerhaken" liegt nicht nur in der bis zum Kreuzestod führenden Menschwerdung Gottes, sondern auch in ihrer Weiterführung im mit der Eucharistie, der Auferstehung und Geistsendung verbundenen kirchlichem Amt, das eben nicht dekonstruktivistisch zu eliminieren ist, sondern wie das Kreuz bis ans Ende der Zeiten ein Zeichen des Widerspruchs (Lk 2,34f) und des Ärgernisses (Mt 11,6; 1 Kor 1,23) bleibt. Gegen das Papsttum hat sich geschichtlich immer wieder ein „antirömischer Affekt" (Carl Schmitt; Hans Urs von Balthasar) geregt, ob von „rechts" oder von „links" angefacht. Auch die Kontestationen zur Geschlechterfrage, die in Anknüpfung an eine atheistische gender-Anthropologie teilweise auch auf dem „Synodalen Weg" offenbar wurden, hängen damit zusammen. Fixierung auf Macht- und Strukturfragen mag Soziologen und Medienleute interessieren, kann aber nicht zu einem friedvollen, respektvollen und empathischen Umgang des einanderlieben führen.

Schon 1971 haben Hans Urs von Balthasar und Joseph Ratzinger in der Münchener Katholischen Akademie Bayern zwei eindrückliche Plädoyers gehalten über „Christ-Sein heute" und „Warum ich noch in der Kirche bin" (Neuausgabe Freiburg 2013). Die damaligen Argumente bleiben weiter aktuell: Kirche versteht und lebt nur, wer sie trotz allem Negativen als Mittlerin zu Christus und Spenderin der Gnade, vor allem der Gabe der Eucharistie, zu lieben vermag. Deshalb glaubt niemand allein und ohne frei gewählte Bindungen. In einem fiktiven Dialog „Was geht mein Glaube die Kirche an?" sagte Hans Urs von Balthasar abschließend: „Persönliche Religion ist das Gegenteil von privater Religion, je persönlicher sie wird, desto offener für Gemeinschaft ist sie auch. So entspricht es dem innersten Mysterium Gottes: Der Sohn, der Vater, der Heilige Geist sind in der Einheit Gotts unaustauschbare ‚Personen', aber sie sind es nur kraft des ewigen Austauschs der Liebe zwischen ihnen" (Die Antwort des Glaubens, Neuausgabe Freiburg 2005, 53). Wenn so theologisch und spirituell wieder die richtigen Prioritäten gesetzt werden, ist niemand im Christsein isoliert oder entfremdet, kann es zu einer „Reform aus dem Ursprung" (Walter Kasper) kommen und eine neue Evangelisierung wird freudige Wirklichkeit.

Die Tagespost vom 20. Oktober 2022

ABSCHIED VON DER ERBSÜNDE?

Der Begriff und Glaubensinhalt der „Erbsünde", die alle Menschen von Geburt an aufgrund des adamitischen Falls als Merkmal prägt, ist in der Gegenwart mehr denn je umstritten und scheint dem modernen Freiheitsverständnis zu widersprechen. Zu sehr erinnert dieses „Dogma" an eine Sippenhaftung und eine Kollektivschuld, die keinen Respekt für die Autonomie und Eigenverantwortlichkeit des Menschen aufbringt. Joseph Ratzinger hat in seiner „Einführung in das Christentum" (1968) nur kurz das Thema gestreift im Zusammenhang mit der „Diktatur des Milieus" und der „Macht des Man". Der Philosoph Robert Spaemann (1927-2018) meinte, dass „es kaum eine christliche Lehre gibt, die plausibler ist als die Erbsündenlehre". Für Katholiken, Lutheraner, Calvinisten und auch – was von Manfred Hauke (Lugano) nachgezeichnet wurde – östlich-orthodoxe Gläubige gehört die auf Paulus, Johannes und Augustinus zurückgehende Erbsündenlehre gleichsam zur DNA ihrer christlichen Glaubensbekenntnisse. Bei der Augsburger MEHR-Konferenz im Januar 2024 hat auch der Wiener Erzbischof Kardinal Christoph Schönborn deutlich darauf hingewiesen.

Fundamentalkritik und Missverständnisse

Auf dem Stuttgarter Katholikentag im Mai 2022 fand keine Veranstaltung derartigen Zulauf wie die Diskussion der Theologen Christoph Böttigheimer (Eichstätt) und Johanna Rahner (Tübingen) zur Verabschiedung der unmodernen Lehre von der Erbsünde. Sie sei ein „Unbegriff" und ein „hölzernes Eisen", wie es in dem Eichstätter Tagungsband „Die Erbsündenlehre in der modernen Freiheitsdebatte" (Freiburg 2021) hieß. Vor allem die Schule des Münsteraner Theologen Thomas Pröpper (1941-2015) sieht es freiheitstheologisch so, spricht vom „Erbsündensyndrom" oder von einem augustinischen „Ur- und Erbsündenkonstrukt" (Magnus Striet). Der Küng- und Haag-Schüler Hermann Häring (Jg. 1937) schrieb im Dezember zum liturgischen Fest der ohne Erbsünde empfangenen und damit „vorerlösten" Jungfrau Maria in der Freiburger Zeitschrift „Christ in der Gegenwart" von einem dunklen, traumatisierenden Menschenbild der Erbsündenlehre, das zu „Frauenhass, Sexualphobie und Klerikalismus" geführt habe und eiligst zu entsorgen sei. Dabei übersehen diese Einsprüche, dass die Erbsünde aufgrund des paradiesischen Sündenfalls der Stammeltern Adam und Eva nie als persönliche Schuld im Zusammenhang des Sexuellen galt und mit Paulus immer im christologischen Zusammenhang der Erlösung gesehen wurde: „Wie es durch die Übertretung eines einzigen für alle Menschen zur Verurteilung kam, so wird es auch durch die gerechte Tat eines einzigen [die Tat Christi] für alle Menschen zur Gerechtsprechung kommen, die Leben gibt" (Röm 5,18; KKK 402).

In vielen Köpfen geistert zudem noch das Missverständnis, als würde das Erbe der Sünde durch den Geschlechtsakt sogar von Getauften an die Nachkommen weitergegeben. Der Sündenfall war aber keine sexuelle Verfehlung, sondern ein stolzes, misstrauisches und ungehorsames Aufbäumen der von Gott dem Menschen geschenkten geschöpflichen Freiheit gegen ihn selbst. Sicher hat dann „postlapsarisch" die mit der unerlösten Endlichkeit verbundene existenziale Angst eine Rolle gespielt wie es Sören Kierkegaard in seiner Analyse „Der Begriff Angst" (1844) und Eugen Drewermann in seinem großen Werk „Strukturen des Bösen. Die jahwistische Urgeschichte in exegetischer, psychoanalytischer und philosophischer Sicht" (Paderborn 1977/78) breit dargelegt haben. Dabei ist allerdings zu bedenken, dass die Angst „nicht Ausdruck des Sündenbewusstseins ist, sondern gerade dem entspringt, dass ein solches Bewusstsein nicht vorliegt" (Ingolf U. Dalferth). Der Innsbrucker Jesuit Raymund Schwager (1935-2004) hat innovativ und in Orientierung an René Girard in seinen Aufsätzen „Erbsünde und Heilsdrama" (Münster 2004) dazu den Kontext von Evolution, Gentechnologie und Apokalyptik eröffnet. Leider rezipieren ihn die Erbsündenkritiker der Pröpper-Schule überhaupt nicht.

Naiver Unschuldswahn widerspricht allen erfahrbaren anthropologischen Grundbefindlichkeiten und dem von Kant gesehenen „Hang zum Bösen" – auch wenn man nicht mit dem Philosophen Arthur Schopenhauer in der Erbsündenlehre gar „Mittelpunkt und Herz des Christentums" erkennen muss und genauso wenig mit Rousseau die gute menschliche Natur allein durch die Zivilisation korrumpiert sieht (deshalb der Ruf: „Zurück zur Natur!"). Für den Kirchenlehrer Thomas von Aquin, der stets das Gutsein der Schöpfung lehrte, ist die Erbsünde ein Verlust der Gnade des Urstandes und – wie es Gustav Siewerth 1939 in einer Untersuchung zusammenfasste – ein „verderbter habitus", der auch nach der Taufe als Erbsündenfolge durch Konkupiszenz-Begierde im Menschen wirksam ist.

Neuzeitliche Zeugen

Der Mathematiker und Religionsphilosoph Blaise Pascal meinte: „Sicher befremdet uns nichts härter als diese Lehre, und doch bleiben wir ohne dieses unverständlichste aller Geheimnisse uns selber unverständlich. Der Knoten unserer Lage erhält seine Verwicklungen und Schlingen in diesem Abgrund; Und so ist der Mensch ohne dieses Geheimnis noch unverständlicher, als dieses Geheimnis dem Menschen unverständlich ist" (Pensée 434). Für den zum Katholizismus konvertierten heiligen John Henry Newman „ist die Lehre von dem, was die Theologen Erbsünde nennen, […] fast ebenso gewiss, wie die Existenz der Welt und die Existenz Gottes" (Apologia pro vita sua). Dem schließen sich weitere neuzeitliche Denker wie Max Scheler und Leszek Kolakowski an, aber auch Schriftsteller wie Franz Kafka besonders in seinem „Prozess" und Thomas Bernhard in seinen autobiografischen Erzählungen („Die Ursache"; „Das Kind"). Mit Thomas Manns großem Roman „Joseph und seine Brüder“ lässt sich Erbsündiges finden im „tiefen und unergründlichen (Jakobs-) Brunnen der Vergangenheit“, das bis zu einer Art „Höllenfahrt“ führen kann. Das Ringen mit der Sünde und der erbsündigen Verfasstheit des Menschen haben weltliterarisch Dantes „Göttliche Komödie“, Calderons „Großes Welttheater“, Hoffmannsthals „Jedermann“, Claudels „Seidener Schuh“, Tolkiens „Herr der Ringe“ und die Priesterromane Georges Bernanos‘ beindruckend veranschaulicht. Am Ende kann bei lauterem Streben immer die Gnade über die Sünde, ihre Wunden und die Folgen der Erbsünde siegen – auch wenn dies für die Christen und die Kirche bis zuletzt ein „harter Kampf“ (KKK 407-409) bleiben wird. In der nach dem „Immaculata-Dogma“ von 1854 vor der Erbsünde bewahrten Gottesmutter Maria kann nicht nur eine Ausnahme und ein Einzelfall gesehen werden, sondern ein Urbild des vollendeten Menschen, zum dem hin alle Getauften vom dreieinigen Gott berufen sind und das auch von vielen - ob bekannt oder völlig unbekannt – bereits zu Lebzeiten erreicht wurde.

Die „libertarische“ (Saskia Wendel) Fundamentalkritik moderner Theologen am Erbsündenbegriff behält allerdings etwas Pelagianisches, wenn sie die Freiheit des autonomen Menschen über Gott und seine Gnade stellt, jede Art der Verdankung als Entfremdung und Bevormundung ächtet, statt in ihr eine Beglückung und Erfüllung zu sehen. Gerhard Kardinal Müller fasste in seinem Lehrbuch „Katholische Dogmatik“ sehr klar zusammen: „Die Erbsündenlehre steht nicht für sich. Sie muss entfaltet werden im Blick auf den je größeren Heilswillen Gottes, der sich in der Geschichte als Erlöser und Vollender des Menschen offenbart hat. Wesen und Bestimmung ‚Adams' erhellen sich erst im Christusereignis."

Vielleicht hilft hier zusätzlich der Blick auf die vor aller Sünde bewahrten „neuen Eva" Maria als Ur- und Vorbild „befreiter Freiheit" (Ferdinand Ulrich).

Die Tagespost vom 2. Februar 2023

GOTT UND DAS NICHTS

In seinem Jesus-Buch „Der Herr“ macht der große Religionsphilosoph und Theologe Romano Guardini, schon 1937 die Beobachtung: „Einen Einzigen gibt es, der den Gedanken eingeben könnte, ihn in die Nähe Jesu zu rücken: Buddha. Dieser Mann bildet ein großes Geheimnis. Er steht in einer erschreckenden, fast übermenschlichen Freiheit; zugleich hat er dabei eine Güte, mächtig wie eine Weltkraft. Vielleicht wird Buddha der Letzte sein, mit dem das Christentum sich auseinanderzusetzen hat. Was er christlich bedeutet, hat noch keiner gesagt. Vielleicht hat Christus nicht nur einen Vorläufer aus dem Alten Testament gehabt, Johannes, den letzten Propheten, sondern auch einen aus dem Herzen der antiken Kultur, Sokrates, und einen dritten, der das letzte Wort östlich-religiöser Erkenntnis und Überwindung gesprochen hat, Buddha.“ Guardini beschrieb dies lange bevor ein Buddhismus im Westen eine „Faszination“ (Hans Waldenfels) und wachsende Präsenz bekam. In viele Exerzitienhäuser zog buddhistische Zen-Meditation ein, sodass Hans Urs von Balthasar in der Zeitschrift „Geist und Leben“ 1977 besorgt von „Meditation als Verrat“ sprach und Kardinal Joseph Ratzinger 1989 eine wichtige Verlautbarung „Der richtige Weg zum Gebet“ herausgab. Christliches Gebet ist keine Technik der danklosen Depersonalisierung.

Ähnlichkeiten bei Unterschieden

Trotzdem enthalten die Lehre Buddhas, sowie die Weisheit und die spirituellen Praktiken des Buddhismus, viele Wahrheiten, die auch im Christentum vorhanden sind und Frucht bringen. Zu denken ist an Wüstenväter wie Evagrius Ponticus, den vom Berg Athos aus sich verbreitenden mittelalterlichen Hesychasmus, die altdeutsche Mystik um die Frauen von Helfta und das Dominikaner-Dreigestirn Eckhart - Tauler - Seuse. Besonders Meister Eckhart wurde von Buddhisten als geistesverwandt erkannt. Es gab ferner den französischen Quietismus um Bischof Fénelon und die Mystikerin Madame Guyon als „Ruhen in Gott" (V. Leppin), sowie den altenglischen Text „The Cloud of Unknowing". Immer wieder suchten Christen eine „Welt des Schweigens" (Max Picard) gegen das „Vielreden" und „Vielwissen" (Ignatius von Loyola), eine „Theologie der Stille", der das letzte posthum erschienene Buch des Neutestamentlers Klaus Berger gewidmet war. Wie aber findet man zum respektvollen und die eigene christliche Wahrheit nicht relativierenden intellektuellen Dialog mit dem Buddhismus? Dieser ist nur äußerlich eine Religion mit Riten und Symbolen, mehr ist er eine umfassende Weltanschauung, die der gelassen machenden Überwindung von Leid und Tod das Wort redet. Mit den Kategorien Agnostizismus oder Atheismus kann der Buddhismus nicht erfasst werden. Gegenüber den eher westlichen abrahamitischen Offenbarungsreligionen stellt er mit anderen östlichen Religionen eine eigene „Hemisphäre" (Jacques A. Cuttat) dar. Das Gemeinsame ist das

Wissen um die Geschöpflichkeit und um die gebotene Angleichung an den göttlichen Ursprung, sei er nun personal oder nicht. Beide Hemisphären halten an einer Erschaffung aus dem Nichts („creatio ex nihilo") fest.

Geschichte der negativen Theologie

Eine mögliche Brücke zum christlich-buddhistischen Dialog kann die oft missverstandene Tradition der „negativen Theologie" oder der abendländischen „philosophia negativa" (so Josef Pieper mit Thomas von Aquin) sein. Diese weiß von der – außer seiner Existenz – Unerkennbarkeit Gottes, so wie der Osten davon weiß, dass „der Name, kann er ausgesprochen werden, nicht der ewige Name ist" (Lao Tse). Der mit dem Neuplatonismus im Dialog stehende syrische Mönch Dionysius Areopagita, der sich als der Paulus-Schüler vom Areopag verstand und legendär mit dem enthaupteten Märtyrerbischof von Paris identifiziert wurde, hat die christliche negative Theologie mit seinem um das Jahr 500 geschriebenen Hauptwerk „Theologia Mystika" begründet. Seine Werke wurden von der hl. Edith Stein ins Deutsche übersetzt. Vom „göttlichen Dunkel" und den vielen Einzelnamen führt Dionysius zum geheimnisvoll „Unnennbaren", das „trunken vom helllichten Dunkel des Absoluten" (Josef Sudbrack SJ) macht. Dionysius, der auch in Hans Urs von Balthasars „Fächer der Stile" seiner theologischen Ästhetik „Herrlichkeit" Aufnahme fand, beeinflusst mit seinem Hierarchiedenken das ganze Mittelalter, besonders Thomas von Aquin, der seine „Summa theologica“ mit dem Satz beginnt: „Wir vermögen nicht zu wissen, was Gott ist, wohl aber, was er nicht ist.“ Nach deren Abschluss machte er bekanntlich eine Gotteserfahrung aufgrund der ihm all sein Geschriebenes wie zu verbrennendes Stroh vorkam. Die „Wahrheit der Dinge“ war Thomas zwar real, aber letztlich in ihrer Tiefe unerkennbar. Sie zeigt sich im Leuchten ihres auf den Schöpfergott verweisenden Daseins, das jedoch nicht festzuhalten ist. Schon Augustinus wusste: „Si comprehendis, non est Deus“.

Eine negative Theologie ist auch das scholastische Konzept der „Analogia entis“, die das ganz-anders-sein Gottes gegenüber dem geschöpflichen Sein präzisiert und ihren klassischen Ausdruck 1215 in der Formel des IV. Laterankonzils fand: „Denn zwischen dem Schöpfer und dem Geschöpf kann man keine so große Ähnlichkeit feststellen, dass zwischen ihnen nicht eine noch größere Unähnlichkeit festzustellen wäre“ (DH 806). Erich Przywara SJ (1889-1972) hat in seinem Hauptwerk „Analogia entis“ (München 1932) diese Metaphysik spekulativ weiter entfaltet und machte sich damit gegenüber dem Buddhismus dialogfähiger als etwa sein Münsteraner Gesprächspartner Karl Barth mit einer exklusivistischen Theologie „von oben“. Ebenfalls einer negativen Theologie nah sind die spanische Mystik der „dunklen Nacht der Seele“ (Johannes vom Kreuz), die Auswortung von Kreuz- und Höllenerfahrungen bei der von Balthasar geistlich begleiteten Baslerin Adrienne von Speyr (1902-1967) und viele Versuche einer „Theologie nach Auschwitz“ (Johann B. Metz, Jan-Heiner Tück).

Das Nichts in der Moderne

Moderne Philosophen haben versucht, über das Nichts nachzudenken. Große Namen wie Friedrich Nietzsche, Ludwig Wittgenstein und Jean-Paul Sartre fallen da ein. Bekannt ist Martin Heideggers schon von Leibniz gestellte Grundfrage „Warum ist überhaupt etwas (Seiendes) und vielmehr nicht Nichts?". Wenn jemand Seiendes noch positiv-leuchtend wahrnimmt, etwa als willkürlich geworfene Freiheit wie Jan-Paul Sartres „Das Sein und das Nichts", oder wie der Buddhismus und Nietzsche als ewige Wiederkehr des Gleichen, dann ist der Betreffende noch kein Nihilist. Wohl aber ist er das, wenn der Sog eines „Seins zum Tode" das Licht und „die Wahrheit der Dinge" (Thomas von Aquin, Josef Pieper) mit dem Vorwurf der "Seinsvergessenheit" gleichsam verschluckt und zu einer Eliminierung des Seienden führt. Diese nihilistische Gefahr hat der Priestertheologe Kurt Anglet (Berlin) in seinen spannenden Echter-Traktaten bei Martin Heidegger gesehen und kritisch benannt. Daher wird der unbefangene Mensch, ob Christ oder Buddhist, lieber über das Sein des Seienden staunen als über das Nichtsein des Nichts grübeln – mag es noch so mystisch erscheinen. Das Böse in der Welt hat zwar nach Thomas kein Sein, ist aber leider allzu real.

Chancen und Mühen des Dialogs

Der geistig und geistlich anstrengende Dialog von Christen mit dem Buddhismus, wofür auch Pionier-Namen wie

Henri de Lubac, Hugo M. Enomiya Lasalle und Heinrich Dumoulin stehen, bedarf des gegenseitigen Kennens. Eine Grundlegung des Dialogs zwischen Buddhismus und Christentum, die auch diesen Essay angeregt hat, ist Hans Waldenfels' Buch „Absolutes Nichts" (Freiburg 1976), in dem er sich intensiv mit der „Philosophie der Leere" des japanischen Religionsphilosophen und Zen-Buddhisten Keiji Nishitani (1900-1990) auseinandersetzt. Ähnliches tat sehr viel strenger Hans Urs von Balthasar im Kapitel „Negative Theologie?" seiner „Theologik II. Wahrheit Gottes" (Freiburg ^{2}2010), wo er zu dem Ergebnis kommt, dass Nishitanis Buddhismus „im gleichen Zwielicht steht wie der Neuplatonismus" (85) und zu einer „Nichtigung" des Seins führen kann. Das positiv-konkrete und bis hin zu den Visionen der Johannesapokalypse bildhafte Christentum wirkt und redet jedoch nicht aus dem Nichts, sondern aus dem lebendigen Wort, das im Anfang war, und der sichtbaren Inkarnation Gottes in Jesus von Nazareth. Gott und das Nichts gehören zusammen, denn die Wahrheit ist „Das Ganze im Fragment" (Balthasar). Das Schlusswort sei wie der Eingang Romano Guardinis „Der Herr" überlassen: „Eines aber ist sicher: Christus steht der Welt ganz anders gegenüber als Buddha: Er setzt einen schlechthinnigen Anfang."

Die Tagespost vom 23. Februar 2023

ESOTERIK UND ANTHROPOSOPHIE ALS HERAUSFORDERUNG

Christlicher Glaube ist nicht einfach statisch vorhanden, sondern will leben, wachsen, erkennen und verstehen. Zwischen einem unreflektierten „Köhlerglauben“, einem elitär abgehobenen Glauben und einem säkularen Agnostizismus gibt es viele Übergänge. Gebildete Christen/Katholiken suchen selbst ihren Weg, zumal nach einem bekannten Wort Joseph Ratzingers/Benedikts XVI. zu Peter Seewald so viele Wege zu Gott führen, wie es Menschen gibt. Doch eine Unterscheidung der Geister und der Wege ist stets angebracht. Schon seit Jahrzehnten bieten sich esoterische Weltanschauungen und Lebenspraktiken an, werden wahrgenommen, ertragen und als Herausforderung begriffen. Im Buchhandel haben esoterische Titel christlich-Religiöses fast verdrängt. Vor allem die Jesuiten Josef Sudbrack (1925-2010) und Bernhard Grom (*1936) haben sich immer wieder kompetent mit der Thematik befasst und dabei eine Vulgär-Esoterik, die nicht über Engelwelten und Dinkelkörner hinauskommt, von ernst zu nehmenden Angeboten wie der auf Rudolf Steiner (1861-1925) zurückgehenden Anthroposophie unterschieden. Diese steht gegen die Fixierung auf Materielles und thematisiert geistige Realitäten.

Esoterische Strömungen begleiten nicht nur die asiatische Geistesgeschichte, sondern seit seinem Aufgang auch das jüdisch-christliche Abendland. Im Kanon der neutestamentlichen Bibel sind vom Apostel und Evangelisten Johannes, aber auch von Paulus, Texte und Offenbarungen mit mystisch-esoterischer Tendenz überliefert. Außerhalb der Bibel gibt es die gnostischen Schriften der Kopten von Nag Hammadi, die Apokryphen und die Qumran-Texte der Essener, die Klaus Berger und Christiane Nord in ihrer mehrfach aufgelegten Übersetzung „Das Neue Testament und frühchristliche Schriften“ (Frankfurt/Leipzig 1999) präsentieren. Die geheimnisvollen Schriften des Ägypters Hermes Trismegistos, des „dreimal größten Hermes“, bilden eine “hermetische Tradition“, die über das Mittelalter, die Renaissance, die Aufklärung, die Freimaurerei und den Mesmerismus bis zu Kants „Träume eines Geistersehers“ oder den Romanen Umberto Ecos reicht. Paracelsus, Jakob Böhme und die Blumhardts haben ihre eigene Esoterik außerhalb der offiziellen Kirchenlehre. Die Kabbala ist eine Art Esoterik des Judentums, Mystik und Privatoffenbarungen eine solche des Christentums – wobei katholisch das Lehramt jeweils das letzte Wort hat. Den legendären esoterisch-charismatischen Jesuiten Wilhelm Klein (1889-1996), der am Germanikum in Rom als Spiritual wirkte, nannte Karl Rahner trotz seiner wenigen Veröffentlichungen einmal den „vielleicht bedeutendsten katholischen Theologen des 20. Jahrhunderts“.

Gnosis und Gnostizismus

Gnosis heißt zunächst neutral „Erkenntnis" und ist ein Grundbedürfnis des Menschen. Der Mensch hat Geist und Verstand, um sich selbst, Gott und die Welt zu erkennen. Dieses Bedürfnis beantwortet das Christentum, für das Glaube und Vernunft *(fides et ratio)* die „beiden Flügel sind, mit denen sich der menschliche Geist zur Betrachtung der Wahrheit erhebt" (Johannes Paul II.). Die altchristliche Gnosis, über die Hans Jonas und Christoph Markschies Werke schrieben, ist nicht identisch mit der leibfeindlichen „gnostizistischen" Häresie, gegen die sich Ende des 2. Jahrhunderts der erst von Papst Franziskus zum Kirchenlehrer ernannte Bischof Irenäus von Lyon wandte. Dessen Textauswahl nannte Hans Urs von Balthasar „Gott in Fleisch und Blut" (Einsiedeln 1982). Es gibt auch eine rechtgläubige „Gnosis des Christentums". Georg Koepgens gleichnamiges Buch (Salzburg 1939; Trier ^{3}1978) wurde nach einer Rezension von Karl Rahner allerdings auf den Index gesetzt.

Von Gnosis als solcher ist also ein häretischer Gnostizismus klar zu unterscheiden. Diesen verurteilt auch Papst Franziskus – wie zuvor seine Glaubenskongregation („*Placuit Deo*", 2018) – ausführlich in dem Schreiben „*Gaudete et exsultate* über den Ruf zur Heiligkeit in der Welt von heute" (19. März 2018) zusammen mit einem Neo-Pelagianismus, der die individualistische Freiheit des Menschen über die göttliche Gnade stellt, als „zwei subtile Feinde der Heiligkeit" (35-62). Alle Ideen der „Selbsterlösung" werden abgelehnt. Deutlich und drastisch sagt der Papst: „Der Gnostizismus ist eine der schlimmsten Ideologien. Er überbetont nämlich die Erkenntnis oder eine bestimmte Erfahrung und hält gleichzeitig seine eigene Sicht der Wirklichkeit für vollkommen" (40). Ein elitäres Überlegenheitsgefühl der „Wissenden" über andere „einfache" Gläubige widerspricht dem Wort Jesu: „Ich preise dich, Vater, Herr des Himmels und der Erde, weil du all das den Weisen und Klugen verborgen, den Unmündigen aber offenbart hast" (Mt 11,25).

Die Gnosis der Anthroposophie und der Glaube der Kirche

Steiners Anthroposophie ist eine moderne Form der Gnosis, kein antichristlicher Gnostizismus. Der Steiner-Biograph und führende Anthroposophie-Forscher Helmut Zander (Fribourg) hat 2019 im Heiligenkreuzer Ambo-Jahrbuch „Esoterik versus Erlösung" einen Aufsatz über „Esoterik und katholische Theologie" veröffentlicht, in dem er Steiner als den „Gründer der vermutlich einflussreichsten und ausgesprochen nachhaltig wirkenden esoterischen Gemeinschaft, die wir weltweit bis heute kennen" bezeichnet. Steiner ließ sich prägen von den naturwissenschaftlichen Schriften Goethes, die er im Licht des deutschen Idealismus las. Er erwog in seiner Wiener Jugendzeit, eventuell Zisterzienser zu werden, fand aber dann zur Theosophischen Gemeinschaft der gebürtigen Ukrainerin Helena Blavatsky, von deren Okkultismus er sich später distanzierte. 1912 gründete er in Köln die „Anthroposophische Gesellschaft". Wichtig war dem „Querdenker“ Steiner, dass der Mensch durch die Anthroposophie von der religiös gewohnten „Verstandes- oder Gemütsseele“ zu einer „Bewusstseinsseele“ findet. Seine Hauptwerke waren eine „Philosophie der Freiheit“ (1894) und „Wie erlangt man Erkenntnisse der höheren Welten?“ (1905). In Dornach/CH entstand nach einem Brand des ersten Hauses der futuristische Bau des „Goetheanums“ als Zentrum der Bewegung. Bekannt sind bis heute ihre praktischen Folgen: Die Waldorfpädagogik mit ihren bis in die Gegenwart sehr beliebten Schulen, die Demeter-Landwirtschaft, die in jedem Drogeriemarkt erhältliche Weleda-Produkte, eine anthroposophische Medizin und sogar eine Bank (GLS). 1922 wurde für Christen unter den Anthroposophen eine „Christengemeinschaft“ mit fast traditioneller Liturgie gegründet. Zander fasst Steiners Weltanschauung knapp so zusammen: „Seine zentralen Vorstellungen beinhalten die Existenz einer geistigen Welt, eines letztlich geistigen Kosmos und den damit verbundenen Glauben an die Göttlichkeit des innersten Menschen, des ‚Ich‘, und an dessen Entwicklung durch die Reinkarnationen hindurch.“ Letzteres macht jedoch den Körper des Menschen zu einem bloßen Durchgangsprovisorium und ist ein Hauptwiderspruch zur Lehre des Christentums von der Einmaligkeit der menschlichen Existenz in Leib, Geist und Seele als „forma corporis“. Unabhängig voneinander haben die katholischen Theologen Hans Urs von Balthasar und Christoph Schönborn O.P. dies 1986 in Aufsätzen zur Seelenwanderung und zur Reinkarnation ohne apologetische Polemik klargestellt.

Wie steht der katholische Glaube zur Anthroposophie? „Anthroposophie und Kirche. Erfahrungen eines Grenzgängers" (Freiburg 1996) nennt der Staatsrechtslehrer Martin Kriele (1931-2020) seinen Lebensbericht dazu. Er fand aus dem aufgeklärt-liberalen Milieu einer von ihm so genannten protestantischen „Theologie ohne Mysterium" zur Anthroposophie und nach der Begegnung mit dem „Eingeweihten" und Konvertiten Valentin Tomberg (1900-1973) zur katholischen Kirche. Kriele konvertierte selbst 1968 unter seinem Eindruck und gab seine Begeisterung für Tomberg an Robert Spaemann, seinen Freund aus der philosophischen „Ritter-Schule", weiter. Beide gaben mit einer Einführung Hans Urs von Balthasars 1983 bei Herder posthum und zunächst anonym Tombergs esoterisches Hauptwerk der „Meditationen über den Tarot" heraus. Es war dies die größte und dichteste Annäherung zwischen einem Katholiken und der Welt der Anthroposophie, die dann von anthroposophischer Seite torpediert wurde. Tomberg wurde wegen „Jesuitismus" ausgeschlossen und Kriele verließ nach Abschluss seines Buches selbst die „Anthroposophische Gesellschaft". Beide hielten weiter Steiner und sein Werk in Ehren, aber die ganze Wahrheit Christi fanden sie in der Kirche des Petrus. Das Beispiel zeigt: Es ist nicht möglich, im vollen Sinn esoterischer Anthroposoph und gläubiger Christ zu sein. Die Anthroposophie bleibt im postmodernen Zeitalter eines „Transhumanismus" zwar wichtig als „Gegenpol zum materialistischen Weltbild" (Kriele, 71), aber ihre Vergeistigung ist leider oft blutleer und wenig humorvoll geerdet, wie man bei einem Besuch im erschlagenden

Betonklotz des Goetheanums erspüren kann. Eine Kritikerin (Charlotte Rudolph) hat ironisch von „Versteinerung" gesprochen. Die christliche Phantastik eines J. R. Tolkien, C. S. Lewis oder Werner Bergengruen ist weiterführender als die geschlossene Welt der Anthroposophie.

Die Tagespost vom 30. März 2023

IST GENDER-DENKEN ATHEISTISCH?

Ein Spezial-Heft vom Oktober 2022 der Freiburger „Herder Korrespondenz“ mit vielen lesenswerten Beiträgen trägt den Titel „G*tt – Mehr als eine Frage“. Im Artikel von Saskia Wendel (Tübingen) wird die Gender-Schreibweise des Gottesnamens, wie ihn katholische Jugendverbände fortan verwenden wollen, kritisch diskutiert und mit Blick auf die Übergeschlechtlichkeit und Einzigartigkeit Gottes als wenig gewinnbringend gesehen. Für Robert Spaemann ergeht „der letzte Gottesbeweis“ nietzsche-resistent aus der grammatikalischen Logik des mit dem Praesens verbundenen „Futurum exactum“ (was ist, ist auch in Zukunft) und kann natürlich nicht einer Genderlogik unterworfen werden. Gott ist weder Mann noch Frau, sondern der, der als Schöpfer den Menschen als sein Ebenbild erschuf: „Männlich und weiblich erschuf er sie“ (Gen 1, 27).

Mit Gender wird nicht nur eine weitgehend abgelehnte künstliche Manipulation der Sprache verbunden, sondern auch eine völlig neue Anthropologie, in der das Geschlecht nicht mehr biologisch aufgrund der Erschaffung vorgegeben, sondern als soziale Rolle selbst gewählt wird, sodass es zu „fließenden Identitäten“ des Mann-, Frau- oder divers-Seins kommt. Die Erfinderin dieser Theorie, die Amerikanerin Judith Butler, war wie die Französin Simone de Beauvoir mit ihrem bekannten Satz „Man wird nicht als Frau geboren, sondern zu ihr gemacht“ eine Atheistin, die ihre Freiheit völlig autonom und von einem Gott „los“ gedacht hat. Wache Publizistinnen wie Gabriele Kuby und Birgit Kelle haben die von der Gendertheorie ausgehende Gefahr früh gespürt und als Pervertierung der menschlichen Natur aufgezeigt. Der Erfolg ihrer Bücher beweist die immer noch vorhandene Wachsamkeit vieler Zeitgenossen. Die Tiefenschichten und Verbindungen dieser Strömungen sind meisterhaft von der bekannten Religionsphilosophin Hanna-Barbara Gerl-Falkovitz in ihrem Basiswerk „Frau – Männin – Menschin“ (Topos-Neuausgabe 2016) dargestellt worden. Der Basler Philosoph Harald Seubert sieht ergänzend in Gender den „Traum vom neuen Menschen“, der alles Vorgegebene dekonstruiert und in einer Art Gender-Sophistik zu einer vollkommenen Beliebigkeit und einem totalen Relativismus alles Geschlechtlichen drängt. Dass Gott den Menschen als Mann und Frau schuf ist nachmetaphysisch und nachtheistisch nicht mehr anerkannt. Der neue Mensch schafft sich selbst, wählt selbst seine variablen Geschlechter nach eigenem Gusto. Diese anthropologische „Trans“-Abwegigkeit ist bereits von der Berliner Ampel-Regierung für über 14-Jährige, die dann frei ihr Geschlecht ändern lassen können, anerkannt.

Auch in der Diskussion um eine neue Sexualethik auf dem „Synodalen Weg“ deutscher Katholiken schleicht sich dieser Atheismus ein. Im Grundtext des Synodalforum IV über „Leben in gelingenden Beziehungen – Liebe leben in Sexualität und Partnerschaft“ geht es trotz vieler Differenzierungen nicht mehr um die Beziehung zu Gott und zu den drei göttlichen Personen, auch nicht um die „Theologie des Leibes“ Johannes Pauls II., sondern nur noch um die ethisch zu gestaltenden Beziehungen der Sexualpartner untereinander, seien sie homo- oder heterosexuell, in einer Ehe gebunden oder nicht. Der nach einem tragischen Unfall 2020 zu früh verstorbene führende deutschsprachige Moraltheologe Eberhard Schockenhoff hat seit einem Vortrag im April 2019 vor den deutschen Bischöfen das Thema der „Beziehungsethik“, die starren Formen der Konzentration auf die Ehe widerspricht, eingebracht und in seinem unvollendet gebliebenen Buch „Die Kunst zu lieben. Unterwegs zu einer neuen Sexualethik“ (Freiburg 2021) weitergeführt. Es ist noch frei von Gendertheorien und bricht ausgerechnet da ab, wo es um Problemfelder wie voreheliche Sexualität und Homosexualität geht. Bernhard Meuser hat in seinem Buch „Freie Liebe. Über neue Sexualmoral“ (Basel 2020) der Schockenhoffschen Eherelativierung, die auch den Text des Synodalforums IV prägt, widersprochen (vgl. den Titel von „Die Tagespost“ am 15. Oktober 2020).

Der Hauptgrund, warum eine Sperrminorität deutscher Bischöfe bei der noch geheimen Abstimmung am 8. September 2022 zur Überraschung vieler den Grundtext des „Synodalen Weges“ über Sexualmoral ablehnte, war nicht ein prüder oder gar homophober Rigorismus, sondern die Sorge um das Eindringen der gott-losen Genderkonzepte mit dem wiederholten pauschalen Ressentiment gegenüber der kirchlichen Sexuallehre, dass diese in „Diskrepanz zur Lebenswelt der Gläubigen“ stehe und sich als „Instrument zur missbräuchlichen Ausübung von Macht erweise“. Nicht-binär und allen selbst gewählten Konstruktionen gegenüber offen müsse Kirche heute nach der Missbrauchskrise „das individuelle Selbstverständnis der geschlechtlichen Identität jedes Menschen als unantastbaren Teil seiner je einzigartigen Gottesebenbildlichkeit respektieren“ (Synodalforumstext). Der konkrete Schöpferwille dieses Gottes im jeweiligen Mann- oder Frausein ist dabei zweitrangig, Hauptsache es gelte der „Primat der Liebe“ und die Freiheit vom „Zwang eines idealen und perfekten Menschseins“. Wer möchte diesen schönen Worten, die Sand in die Augen streuen, nicht zustimmen?

Man muss die Verfasser solcher Texte mit der ganzen Wahrheit der Konsequenzen der atheistischen und nachmetaphysischen Gender-Perspektive aufwecken. Judith Butler sagt es ungeschminkt: „Die postmodernen Denker möchten alle essentialistischen Auffassungen des Menschen oder der Natur zerstören [...]. Tatsächlich ist der Mensch ein gesellschaftliches, geschichtliches oder sprachliches Artefakt und kein noumenales oder transzendentes Wesen“ (zitiert bei Harald Seubert). Trans-gender ist dann das Schlüsselphänomen einer selbstkonstruierten zweiten Natur eines Cyber-Organismus, der in seiner Künstlichkeit den Körper des Menschen ablöst. Dagegen hilft nur der Hinweis auf die personale und vom gegebenen oder gewählten Geschlecht unabhängige Natur des Menschen in der Einheit von Leib und Seele, über die Paulus im Galaterbrief schrieb: „So ist nicht Jude, nicht Heide, nicht Sklave, nicht Freier, nicht Mann, nicht Frau – ihr alle seid Einer in Christis“ (3,28).

Der Irrweg des sich keinem Gott und Schöpfer verdanken wollenden Gender-Denkens ist teils nachmetaphysisch

-atheistisch, teils gnostizistisch-esoterisch, teils künstlich-materialistisch. Er hat auch nichts mit hetero- oder homosexueller Orientierung des Geschlechtlichen zu tun, sondern widerspricht diametral der christlichen Anthropologie, die sich aus personaler Hingabe und einer am Licht des Geschöpflichen ausgerichteten „Theologie des Leibes“ (Johannes Paul II.) aufbaut. Der Moraltheologe und emeritierte Salzburger Weihbischof Andreas Laun hat einmal bedauert, dass der auf dem „Synodalen Weg“ wieder in die Kritik geratene Weltkatechismus ohne die personale „Theologie des Leibes“ argumentiert. Jedenfalls bietet diese für geplante Umformulierungen, die wie bei Papst Franziskus in seinem nachsynodalen Schreiben „Amoris laetitia“ (Nr. 56) auch eine klare Gender-Kritik enthalten müsste, eine inhaltliche Orientierung, in der in Achtung vor dem (bräutlichen) Mysterium der Geschlechtsdifferenz die Würde von Leib und Seele, von Körper und Geist des Menschen, in ihrer verbindlichen und befreienden Gottesbeziehung gewahrt bleibt. Um die Eingangsfrage zu beantworten: Ja, Gender-Denken hat eine atheistische Wurzel und ist daher christlich nicht übernehmbar. Bleiben wir bei den bewährten und verständlichen Begriffen von Gott und Mensch, von Mann und Frau, von Leib und Seele – und bleiben wir bei den je neu zu entdeckenden Inhalten dieser Begriffe, die das Menschsein prägen. Es ist gut, als Mann oder Frau Gottes geliebtes Geschöpf zu sein.

Die Tagespost vom 17. November 2022

HOMO DEUS ODER: IST DER MENSCH ODER IST GOTT DAS HÖCHSTE WESEN FÜR DEN MENSCHEN?

Im Jahr 2024 wird des 300. Geburtstages des Königsberger Philosophen Immanuel Kant (1724-1804) gedacht. Aufgrund eines Postulates der praktischen Vernunft blieb er gottgläubig, auch wenn er in seiner Theorie oft als „Zertrümmerer" der Metaphysik und der traditionellen Gottesbeweise angesehen wurde. Einer seiner Schüler brachte im Jahr 1800 seine frühen Vorlesungen über Logik heraus, in denen Kant den „Weltbegriff" der Philosophie in vier bekannten klassischen Fragen formulierte: „1. Was kann ich wissen? 2. Was soll ich tun? 3. Was darf ich hoffen? 4. Was ist der Mensch?" Dem fügt er hinzu: „Die erste Frage beantwortet die Metaphysik, die zweite die Moral, die dritte die Religion und die vierte die Anthropologie. Im Grunde könnte man alles dieses zur Anthropologie rechnen, weil sich die ersten drei Fragen auf die letzte beziehen." Das konnte in der geistesgeschichtlichen Wirkung als „anthropologische Wende" gesehen werden, die in die neuere Theologie systematisch durch Karl Rahner SJ eingebracht wurde – allerdings nicht als Auflösung der Theologie in Anthropologie, sondern als gegenseitige Bereicherung und Durchdringung.

Moderner theologischer Autonomismus, der mit der Parole „erst die Freiheit macht wahr" Kant missversteht, übersieht dies – wie der Spaemann-Schüler Engelbert Recktenwald FSSP mehrfach nachgewiesen hat. Das auch Theologen zumutbare philosophische Studium der „Skizzen zur Anthropologie" Johannes Pauls II./Karol Wojtyłas, die Hanns-Gregor Nissing (Münster) mit ausführlicher Einleitung unter dem Titel „Wer ist der Mensch?" (München 2011) herausgebracht hat, hätte manchen Irr- und Umweg ersparen könne. Die Sachfrage Kants „Was ist der Mensch?", der auch Theodor Haecker ein Buch widmete (Leipzig 1933), wird von Wojtyła personal („Wer?") gestellt, die Offenheit zur Transzendenz und zum personalen Gott sind gewahrt.

Der Mensch als Pathos der Neuzeit

Muss aber Theologie und kirchliche Verkündigung sich im Bezug zur pastoralen Praxis nach Gott und seiner biblischen Selbstoffenbarung richten, oder nicht vielmehr nach der humanwissenschaftlich ausgeloteten „Lebenswirklichkeit" des Menschen? Gibt es noch eine christlich unterschiedene Anthropologie, oder ist diese wegen Geschlechtergerechtigkeit an der Gendertheorie zu messen? Diese grundsätzlichen Fragen wurden auch auf dem deutschen „Synodalen Weg" (2019-2023) öfter besprochen. Weiß der Mensch selbst und autonom alles über sich und sein Wesen durch Erfahrung und Forschung, oder gibt es einen anderen, der allein wirklich weiß, was im Menschen ist: "Der

Einzige, der Gott ist und am Herzen des Vaters ruht, er hat Kunde gebracht“ (Joh 1,18)? Immer wieder muss zwischen Anthropozentrik und Theozentrik vermittelt werden, beide Schwerpunkte sind in der Religion der Menschwerdung Gottes notwendig und unverzichtbar, dürfen einander jedoch nicht widersprechen. Mit großem Pathos hat der in einem atheistischen System aufgewachsene Philosoph und heiliggesprochene Papst Johannes Paul II. immer wieder vom Menschen gesprochen, vom „Ecce homo“ des Leidenden, vom ethischen Anruf im „Antlitz des Anderen“ (Emmanuel Levinas) und natürlich von den „Menschenrechten“, die lange von der Lehre der Kirche abgelehnt wurden und heute auch in Euthanasie und Abtreibung missachtet werden. Der polnische Papst, der sich gegen jede „Kultur des Todes“ stellte, hat sich schon früh intensiv mit der Wertewelt des deutschen Philosophen Max Scheler kritisch befasst und den Menschen nicht nur im Kosmos, sondern als zu Transzendenz und Tat offenes personales Wesen gesehen. Er bezeichnet in seiner Antrittsenzyklika „Redemptor hominis“ (1979) den Menschen als den „ersten Weg der Kirche“ und zitiert aus der Pastoralkonstitution „Gaudium et spes“ des Zweiten Vatikanischen Konzils: „Tatsächlich klärt sich nur im Geheimnis des fleischgewordenen Wortes das Geheimnis des Menschen wahrhaft auf [...] Christus, der neue Adam, macht in der Offenbarung des Geheimnisses des Vaters und seiner Liebe dem Menschen den Menschen selbst voll kund“ (22). Nie wurde der Begriff Mensch und die Realität der personalen menschlichen Existenz von einem Papst so betont wie von Johannes Paul II., der damit dazu beitrug, dass ein totalitär-atheistisches politisches System 1989 fast unblutig kollabierte und der „eiserne Vorhang“ durch Europa Geschichte wurde.

Die Herausforderung eines „atheistischen Humanismus ohne Gott“ (Henri de Lubac) und eines „Transhumanismus“ (Julian Huxley, Yuval Noah Harari) ist nicht neu und war schon vor der bis in die Neurologie gehenden Digitalisierung menschlicher Kommunikation in der Geistesgeschichte präsent. Das verbindende Motiv seiner Religionskritik formulierte Karl Marx am prägnantesten in der 1844 erschienenen Einleitung zur „Kritik der Hegelschen Rechtsphilosophie“. Dort definierte er die Religion als „Seufzer der bedrängten Kreatur“ und „Gemüt einer herzlosen Welt“, die das „Opium des Volks“ sei, um dann fortzufahren: „Die Kritik der Religion endet mit der Lehre, dass der Mensch das höchste Wesen für den Menschen sei, also mit dem kategorischen Imperativ, alle Verhältnisse umzuwerfen, in denen der Mensch ein erniedrigtes, ein geknechtetes, ein verlassenes, ein verächtliches Wesen ist.“ Der utopische Marxist Ernst Bloch sprach 1968 vom „Atheismus im Christentum“. Da Gott durch seine geschichtliche Menschwerdung aufgehört habe, Gott zu sein, sei Jesus ein erster Atheist gewesen. Das trinitarische Paradox wurde dabei von Bloch übersehen. Der im christlich-marxistischen Dialog engagierte Tscheche Milan Machovec schrieb 1972 den Bestseller “Jesus für Atheisten“ und sieht in seiner letzten Veröffentlichung „die Frage nach Gott als Frage nach dem Menschen“ (2000). Der Psychoanalytiker und Soziologe Erich Fromm (1900-1980) beschrieb in seinem Buch „Haben oder Sein“ (1976)

die seelischen Grundlagen einer „neuen Gesellschaft“ mit einem „neuen Menschen“, der von falschen Abhängigkeiten des Habens oder Entbehrens zum friedfertigen und erfüllten Sein gefunden habe.

Sein als Liebe

Auch Christen wie Charles Péguy, der Schönstatt-Gründer Josef Kentenich oder Chiara Lubich teilten die Vision eines „neuen Menschen in einer neuen Gesellschaft“, dies allerdings nicht zuerst durch sozial-psychische Emanzipation in einer kämpferischen Revolte, sondern als durch und in Christus personal erlöste und befreite Freiheit des Seins in Liebe. Der erst durch seinen Schüler, den Passauer Bischof Stefan Oster, bekannter gewordene Regensburger Philosoph Ferdinand Ulrich (1931-2020) hat dazu eine existenzialontologische Philosophie („Homo abyssus“, ^{2}1998) durchdacht und ausformuliert. Er sieht in seiner dichten Schrift „Atheismus und Menschwerdung“ (^{2}1975) eine „verborgene Wahrheit des Atheismus als Ringen um das Geheimnis der Liebe“. Liebe überwindet die „Todesdialektik von Herr und Knecht“ in „Maria-Kirche“ als personaler Gestalt der zum Dank „befreiten Endlichkeit“. Dank und Verdankung sind im liebenden Sein keine Selbstentfremdung mehr und frei von Vorbehalten. Maria, die Mutter Jesu, ist dabei selbst der „erste neue Mensch der Gnade“ und die heilsgeschichtliche Stellvertreterin der Menschheit gegenüber Gott und seinem aus ihr „makellos“ Mensch gewordenen Sohn. So hat es Thomas von Aquin festgehalten (S.Th. III, 30,1) und der Pallottiner Heinrich M. Köster (1911-1993) in seinem Werk „Die Magd des Herrn“ (1947; nach Kritik K. Rahners neu bearbeitet ^{2}1954) einfühlsam dargelegt.

Um die Eingangsfrage auch für Karl Marx zu beantworten: Gott und Mensch sind beide einander „höchste Wesen“ - in der zu allem, auch zum Kreuz, bereiten Liebe. Gottes- und Nächstenliebe stehen im Evangelium auf derselben Ebene. „Homo Deus“, wie Yuval sein transhumanistisches Manifest nennt, kann weder Rechte des Menschen gegenüber Gott, noch Rechte Gottes gegenüber den Menschen, noch eine unterschiedslose Identifizierung von Gott und Mensch meinen. Jedoch kann der Mensch nicht ohne Gott, Gott nicht ohne sein Ebenbild, den Menschen, verstanden werden – immer im „Umsonst“ (F. Ulrich) der Liebe, die schon vorchristlich von Vergil als „alles besiegend“ erkannt wurde („Amor vincit omnia“) und in der Auferstehung des Gekreuzigten diesen Sieg jenseits von Armut und Reichtum personal verewigt hat. Statt überholter ideologischer „Kulturkämpfe“ wird nach Ostern die Eucharistie als substanzielle Gegenwart der Liebe Gottes für Christen als Quelle aller glaubhaften Mission im Zentrum stehen.

Die Tagespost vom 15. Februar 2024

ZUR AKTUALITÄT DES EINZELNEN

Der Mensch ist von seiner Natur her ein Sozialwesen und doch als Einzelner einmalig und unverwechselbar. In jedem neuen Menschen beginnt eine Welt, weshalb Hannah Arendt der „Natalität“ einen so hohen Rang gab. Der Mensch steht aber immer wieder unter einem Konformitätsdruck, der ihm seine Einzigartigkeit, Unabhängigkeit und Autonomie nehmen will. Durch einen globalen „Transhumanismus“ – sei er biologisch, soziologisch oder virtuell – wird die unantastbare Würde jedes einzelnen Menschen (GG Art.1) relativiert. In bekannten Negativ-Utopien haben Robert Hugh Benson („Der Herr der Welt“), Aldous Huxley („Brave New World“) und George Orwell („1984“) dieser Gefahr schon länger Ausdruck gegeben. Ein Leben ohne Gott ist Normalität geworden. Für den israelischen Erfolgsautor Yuval Noah Harari ist wie für die Religionskritiker Ludwig Feuerbach und Karl Marx der Mensch gar selbst Gott: „Homo Deus“ nennt er seine „Geschichte von Morgen“ (2015). Da geht es nicht um die (von Christoph Schönborn behandelte) altchristlich-griechische Vergöttlichung des Menschen durch eine wandelnde Gnade, sondern um einen alles durchdringenden Atheismus, der den Namen Gottes streicht und zurücknimmt, um ihn „nicht zu missbrauchen“ – so die 13. von Hararis „Lektionen für das 21. Jahrhundert“ (2018).

Dabei wird bewusst oder unbewusst der jüdisch-christlich-muslimische Gott in seiner existenziellen und fordernden Einzigkeit verdrängt, „transformiert“ und entthront. Dennoch bleibt nicht nur der „monotheistische“ Gott von Bibel und Koran, sondern auch der Mensch als sein Geschöpf, Bild und Gleichnis (Gen 1,25f) ein Einziger und Einzelner. Nur personale Einzelne, nicht profillose Massenmenschen können einander begegnen, einander „Ich und Du“ (Martin Buber) sein und sich gegenseitig lieben.

Sören Kierkegaards „Kategorie“

„Der Einzelne“ ist nach seinem philosophischen Propheten Sören Kierkegaard (1813-1855) „die Kategorie, durch die in religiöser Hinsicht die Zeit, die Geschichte, das Geschlecht hindurch muss“, aber auch Gesellschaft und Kirche, wenn sie die Wahrheit finden und bezeugen wollen. Denn „die Menge ist Unwahrheit“, wie Kierkegaard in seinen Texten wiederholt festhält. Wahrheit ist keine „Lehre“, kein Gegenstand von Abstimmungen oder politischen Machtkämpfen, sondern liegt jenseits von Politik, Medien und erst recht aller Propaganda. Sie bedarf eines Zeugen mehr als eines Analysten und durchbricht alle selbst errichteten geistigen oder politischen „Systeme“. Kierkegaard, der das echte Christentum mit der Möglichkeit des Ärgernisses in eine lau gewordene und staatlich alimentierte „Christenheit“ einführen wollte, will die Kategorie des Einzelnen nicht selbst ausfüllen, sondern nur auf ihre Notwendigkeit für ein Wahrheitszeugnis aufmerksam machen. Das tat er zuletzt in dramatischer Weise im zornigen Kampf seiner „Augenblicks"-Schriften in der Auseinandersetzung mit Bischof Martensen von der dänischen Staatskirche, der seinen Vorgänger Bischof Mynster im Nachruf in einschmeichelndem Lob als „Wahrheitszeuge" bezeichnete. Der christliche Philosoph stellte dagegen im Kopenhagener „Vaterland" vom 18. Dezember 1854 klar: „Ein Wahrheitszeuge, das ist ein Mann, der in Armut für die Wahrheit zeugt, in Armut, in Geringheit und Erniedrigung, verkannt, verhasst, verabscheut, verspottet, verhöhnt, verlacht – das tägliche Brot hat er vielleicht nicht immer gehabt, so arm war er, aber das tägliche Brot der Verfolgung bekam er jeden Tag reichlich; für ihn gab es niemals Vorwärtskommen oder Beförderung, es sei denn umgekehrt, Schritt für Schritt hinab". Wie später bei Rudolf Bultmann, Dietrich Bonhoeffer und Joseph Ratzinger/Benedikt XVI. wird der Verweltlichung des Christentums und der Kirche eine am Evangelium orientierte „Entweltlichung" gegenübergestellt.

Der Einzelne in der Massengesellschaft und im Katholischen

Das soziologisch seit Gustav le Bon und Ortega y Gasset ausgerufene Zeitalter der Massen, dem sich Sigmund Freud mit „Massenpsychologie und Ich-Analyse" anschließt und das sich global durch Digitalisierung, Ideologisierung und Entpersonalisierung weiter ausbreitet, bedarf immer wieder des Korrektivs durch Einzelne, die nicht als Fanatiker oder Verschwörungstheoretiker enden, sondern sich ohne Opportunismus Höherem, ja „Metaphysischem", verantwortlich fühlen. So finden sie für sich selbst und andere zu einer existentiellen Entscheidung. Viele Biografien können dies veranschaulichen. Der Bestsellerautor Rüdiger Safranski hat diese jüngst in seinem Buch „Einzeln sein. Eine philosophische Herausforderung" (München 2021) beginnend bei der das Individuum ins Zentrum stellende Renaissance für viele europäische Gestalten von Martin Luther über Max Stirner („Der Einzelne und sein Eigentum") und die Existentialisten bis zu Ernst Jüngers „Der Waldgang" (1951) einladend aufgezeigt. Der reformierte Pfarrer und Autor Walter Nigg (1903-1988), dessen Biografie Uwe Wolff geschrieben hat, tat dies speziell für viele Heilige und geistliche Menschen in der Skizzierung ihrer Einmaligkeit.

Auch im katholischen Raum findet sich die Dramatik des Einzelnen. Der Schweizer Theologe und ernannte Kardinal Hans Urs von Balthasar (1905-1988), selbst trotz Mitgründung einer „Communio" genannten internationalen katholischen Zeitschrift ein großer Einzelner, der seinen Orden verlassen musste und seine Bücher im eigenen „Johannes Verlag Einsiedeln" publizierte, hat das Profil des einzelnen Christen in seiner nachkonziliaren Streitschrift „Cordula oder der Ernstfall" (Einsiedeln 1966) gegen umhergeisternde Konzepte eines „anonymen Christentums" so beschrieben: „Nur als Einzelner kann der Christ für die Kirche und in der Kirche für die Welt berufen werden; als Einzelner, der im Augenblick des Rufs durch niemand sichtbarerweise geschützt werden kann" (25). Christus selbst war gegenüber seinem Volk und den ihm begegnenden Menschen ein Einzelner, „durch den viele zu Fall kommen und aufgerichtet werden, als Zeichen, dem widersprochen wird" (Lk 2,34). Am Kreuz als Einzelner erhöht will er dann „alle an sich ziehen" (Joh 12.32). Auf dem Weg der Nachfolge und zur von Christus gewollten Vergemeinschaftung („Communio") der getauften Gläubigen in der Kirche gibt es immer Spannungen: zwischen Amt und Charisma, Laien und Klerikern, Tradition und Fortschritt, Zentrum und Peripherie, Orts- und Weltkirche. Oft sind auch Päpste Einzelne, die zwischen den Fronten stehen und es niemand recht machen können. Der/die Einzelne kann in Kirche und Welt wie Jesus und die ihm Nachfolgenden isoliert, verkannt oder diskriminiert werden: „Wenn die Welt euch hasst, dann wisst, dass sie mich schon vor euch gehasst hat" (Joh 15,18). Spirituell wurde dies manchmal verharmlost oder gar als eine die Heiligkeit fördernde Demütigung ausgegeben. Der als Einzelner berufene Gläubige schuldet seinen Auftrag, seinen Einsatz und seine Sendung nicht amtlichen Vertretern der Kirche, sondern allein Gott. Am durch eine Vision erweckten Apostel Paulus und an großen Heiligen wie Franz von Assisi, Niklaus von Flüe, Teresa von Avila und Therese von Lisieux ist dies evident, aber auch bei ganz unbekannten Gliedern des Volkes Gottes, an dessen Spitze Maria, die unscheinbare und dennoch von allen Geschlechtern seliggepriesene Magd des Herrn, steht. Auch sie war eine von Gott erwählte Einzelne, die dem durch den Engel an sie ergangenen Ruf stellvertretend für die ganze Menschheit („loco totius humanae naturae", Thomas, Sth III,30,1) ihr Jawort gab: „Mir geschehe nach deinem Wort" (Lk 1,38). Hans Urs von Balthasar, der mit der bei ihm konvertierten Adrienne Kaegi-von Speyr ein Säkularinstitut für in den evangelischen Räten „arm, ehelos und gehorsam" lebende Frauen und Männer gründete, hat einmal gesagt, dass für ihn die Zukunft der Kirche und des Glaubens nicht in kirchenpolitischen Entscheidungen, in geistlichen Bewegungen („Movimenti") oder Plänen zur Neuevangelisierung liegt, sondern in mutigen Einzelnen, die auch im Gegenwind Stand halten, somit „In Gottes Einsatz leben" (Titel einer Luigi Giussani gewidmeten Schrift Balthasars aus dem Jahr 1972) und ein nachhaltiges Zeugnis geben.

Ein Schlusswort sei nochmals Sören Kierkegaard gegeben: „Der Einzelne: das ist die christlich entscheidende Kategorie, und sie wird auch entscheidend für die Zukunft des Christentums" (1849). Nicht das Geschlecht, die Tradition oder das Numerische, die Mehrheit oder Menge, ist Instanz der Wahrheit, sondern der zu allen Systemen quer liegende Einzelne – wie er weltgeschichtlich beispielhaft und erfüllend in Jesus von Nazareth erschienen ist und weiter wirksam bleibt.

Die Tagespost vom 3. August 2023

DIE FRANZISKUS-OPTION

Nach dem am 11. Februar 2013 verkündeten überraschenden Rücktritt von Papst Benedikt XVI. (1927-2022) stand das Kardinalskollegium vor der Aufgabe, einen Papst und Nachfolger Petri zu wählen, der überzeugend die Kirchenleitung in die Hand nimmt und einige neue Akzente setzt. Einen Favoriten für die Wahl gab es nicht. Den dann gewählten Erzbischof von Buenos Aires, den Jesuiten Jorge Kardinal Bergoglio, hatten die „Vatikanisten" der Medien nicht auf dem Schirm. Anderen Südamerikanern, einem Afrikaner und dem Mailänder Kardinal Angelo Scola, der wie der Pole Wojtyła und der Deutsche Ratzinger der italienischen Bewegung „Comunione e Liberazione" und dem Schweizer Theologen Hans Urs von Balthasar nahestand, wurden größere Chancen eingeräumt. Die Kardinäle aber wussten, dass schon im Konklave von 2005 Jorge Bergoglio nach Ratzinger die meisten Stimmen bekam. Seine eindringlichen Reden im Vorkonklave machten ihn dann für immer mehr Kardinäle zur wählbaren Option, mit der sich die Hoffnung auf einen neuen Aufbruch verband. Nach dem eher schüchternen und zurückhaltenden Papst Benedikt XVI. sollte jemand gewählt werden, der Kurie und Kirche kraftvoll aus einer gewissen Sackgasse herausführen konnte. Mit seiner ungewöhnlichen Namenswahl „Franziskus", die die Kardinäle ja vorher nicht kennen konnten, entstand beim neuen Papst, der nicht in den Apostolischen Palast, sondern in ein (besser ausgestattetes) Gästehaus einzog, das Programm einer „Franziskus-Option", das neben dem Schwerpunkt Armut drei andere zentrale Themenfelder beinhaltete: die gelebte Barmherzigkeit, die Synodalität und die Mission. Mit einem an der Kurie vorbei einberufenen Kardinalsrat, der alle Kontinente vertrat, sollte eine Kurienreform angegangen werden. Mit einer Philippika über 15 Krankheiten der Kurie (u.a. „spirituelles Alzheimer"), wie vor Weihnachten 2014 in einem Empfang der Kurienmitarbeiter, machte er sich nicht nur Freunde. An Pfingsten 2022 ist die Kurienreform mit dem Dokument „Praedicate Evangelium" dann nach vielen Beratungen zu einem Abschluss gekommen.

Die vorrangige Option für die Armen

Papst Franziskus ist Südamerikaner. Er bringt gewissermaßen seinen ganzen Kontinent mit nach Rom, steht aber nicht den radikalen Befreiungstheologen nahe, sondern der von Gedanken Romano Guardinis und Henri de Lubacs inspirierten „Teologia del Pueblo" (Theologie des Volkes) des argentinischen Priestertheologen Lucio Gera, den er als Erzbischof 2012 in seiner Kathedrale in Buenos Aires beigesetzt hat. Bei Gera geht es wie bei dem Jesuiten Pierre Ganne um „Die Prophetie der Armen" (Einsiedeln 1986). Bergoglio zog 1984 in einem Aufsatz eine Verbindung von Hans Urs von Balthasars Schrift „Die Wahrheit ist symphonisch" (Einsiedeln 1972) zum Dokument von Puebla, wo die dritte Generalversammlung des Lateinamerikanischen Episkopats 1979 den Begriff der „vorrangigen“ (span. *preferencial*) Option für die Armen in die Diskussion einbrachte. Diese Formulierung war nicht unumstritten. Im von Papst Johannes Paul II. bei seiner ersten Auslandsreise nach Mexiko Ende März 1979 approbierten Abschlussdokument heißt es unter anderem: „Die vorrangige Option für die Armen hat als Ziel die Verkündigung Christi [...] Diese Option, die durch die Ärgernis erregende Realität des wirtschaftlichen Ungleichgewichts in Lateinamerika erfordert wird, muss dazu führen, ein würdiges und brüderliches Zusammenleben zu begründen und eine gerechte und freie Gesellschaft aufzubauen.“

Die lateinamerikanische „Option für die Armen“ will Papst Franziskus durch seine Namenswahl, aber auch im Lebensstil und in der Amtsführung verstärken. Er steht damit in der Tradition des kurz vor Ende des Zweiten Vatikanischen Konzils von 40 Bischöfen auf Initiative von Dom Hélder Câmara und Kardinal Giacomo Lercaro in den Domitilla-Katakomben geschlossenen „Katakombenpakts“, in dem sich die anwesenden Bischöfe, zu denen auch zwei deutsche Weihbischöfe (Julius Angerhausen, Hugo Aufderbeck) gehörten und denen sich später viele anschlossen, als „Kirche der Armen“ zu einem Leben in Bescheidenheit verpflichteten. Ein Katakombenpakt wurde am selben Ort im Herbst 2019 während der Amazonien-Synode erneuert als „Pakt für das Gemeinsame Haus“, das Franzskus in seiner Schöpfungsenzyklika „Laudato si“ (2015) erwähnt.

Option Barmherzigkeit

Bei seinem ersten öffentlichen Angelusgebet nach der Papstwahl gab Franziskus eine auffällige Empfehlung für das auch an Papst Johannes Paul II. anknüpfende Buch „Barmherzigkeit. Grundbegriff des Evangeliums – Schlüssel christlichen Lebens“ (Freiburg 2012) von Walter Kardinal Kasper, der zu Joseph Ratzinger/Benedikt XVI. theologisch immer in einer gewissen Spannung stand. Zum 50. Jahrestag des Konzilsendes rief er ein außerordentliches Heiliges Jahr der Barmherzigkeit (2015/2016) aus, in das auch Priester der Piusbruderschaft integriert waren. Die Nähe zu Kasper zeigte sich dann wieder in den beiden Familiensynoden, wo es auch um die Frage der Zulassung wiederverheiratet Geschiedener zur Eucharistie ging. Mit einer Fußnote in seinem Schreiben „Amoris laetitia“ (2016) machte er diese möglich und erntete dafür kritische „Dubia“ von vier Kardinälen. Dass diese öffentlich gemacht wurden, hat (wie man erst seit kurzem weiß), der emeritierte Papst Benedikt XVI. bedauert. Auf einen homosexuellen Menschen angesprochen gab Franziskus die berühmt gewordene Antwort „Wer bin ich, um ihn zu verurteilen?“. Barmherzigkeit „triumphiert über das Gericht“ (Jak 2,13), soll aber soziale und individuelle Gerechtigkeit nicht verdrängen. Das belegt Franziskus auch mit Zitaten aus der Summa des Thomas von Aquin.

Option für Synodalität und gegen Klerikalismus

Das von Beginn seines Pontifikates zentrale Konzept der Synodalität soll die Kirche des dritten Jahrtausends prägen. Sie ist vor allem ein christlicher und respektvoller Stil des Umgangs, der nicht das kirchliche Amt unterminiert, sondern es im Austausch untereinander und mit dem gläubigen Volk zu einer synodalen eucharistischen Communio werden lässt. Mit Zustimmung von Papst Franziskus veröffentlichte die „Internationale Theologische Kommission" 2018 die hilfreiche Studie „Die Synodalität in Leben und Sendung der Kirche". Der Ansatz dieser Synodalität, die auch die römischen Bischofssynoden 2023 und 2024 thematisch prägen wird, kreist nicht um Macht- und Strukturfragen wie der deutsche „Synodale Weg". In einem weltweiten synodalen Prozess will er in anderer Form zwar ähnliche Themen, auch die schrecklichen Missbrauchsskandale und ihre Ursachen, behandeln, aber nicht Lehre und Struktur der Kirche von Grund auf „elitär" verändern. Vor allem möchte Franziskus mit Synodalität der Kirche die Grundversuchung eines selbstherrlichen „Klerikalismus" austreiben. In einem Gespräch mit Eugenio Scalfari sagte er im Oktober 2013: „Wenn ich einen Klerikalen vor mir habe, werde ich schnurstracks antiklerikal. Klerikalismus sollte eigentlich nichts mit dem Christentum zu tun haben." Diese Kritik nach innen ist ungewöhnlich und hat manche verletzt. Moralismus kann selbst klerikalistisch werden. Aber haben Jesus und viele Heilige nicht oft ähnlich provoziert?

Option für eine missionarische Kirche

Anders als seine Vorgänger besuchte Papst Franziskus in den zehn Jahren seines Pontifikates kein einziges Mal sein Heimatland Argentinien. Er besuchte auch keine großen Hauptstädte, sondern geht an die Ränder, angefangen mit der Flüchtlingsinsel Lampedusa, und ernennt Kardinäle in kleinen abgelegenen Ländern. Franziskus' Mission geht nach außen und nach innen. Sie führt ihn auch nach Abu Dhabi zu einem Großimam, mit dem er die (genderfreie) Erklärung „Über die Brüderlichkeit aller Menschen" unterzeichnet (2019), die dann zur Enzyklika „Fratelli tutti" (2020) führt.

Der bekannte Zisterzienserpater Karl Wallner, Nationaldirektor der Päpstlichen Missionswerke in Österreich, sieht bei den Freikirchen oft die einzigen in unserer westlichen Gesellschaft, „die den Mut zu einer Primärmission etwa unter den Migranten haben", und zitiert deren Spruch: „The Church must send or the church will end." Er verweist auf Franziskus' dramatischen Appell zur Mission in seinem großen Antrittsschreiben „Evangelii Gaudium" zum Abschluss des Jahres des Glaubens, das an stimulierender Programmatik nicht zu übertreffen sei. Es geht ihm dort wie seinen Vorgängern um eine „missionarisch Umgestaltung der Kirche" (1. Kapitel): „Jetzt dient uns nicht eine reine Verwaltungsarbeit. Versetzen wir uns in allen Regionen der Erde in einen Zustand permanenter Mission." (25). Echte Mission ist kein Aktivismus, sondern muss getragen sein vom Gebet.

Keinen Satz sagte der nun seit zehn Jahren unermüdlich missionarische Papst Franziskus so oft wie diese Bitte: „Betet für mich!“.

Die Tagespost vom 9. März 2023

2 PORTRAITS

EIN DENKER UND DICHTER DES INTERRELIGIÖSEN DIALOGES

Zur Aktualität des Ramón Llull (1232-1316)

Die Baleareninsel Mallorca ist heute meist bekannt als Urlaubsparadies für mehrheitlich deutsche Touristen, die Sonne, Meer, Strände, Erholung und Vergnügen suchen. Die unverdorbene wilde Schönheit der Insel ist abseits der Zentren immer noch erahnbar. Wer in der großstädtischen Hauptstadt Palma de Mallorca die berühmte Kathedrale „La Seu" mit dem Altaraufbau von Antonio Gaudi besucht, hat nicht mehr weit zur Klosterkirche San Francesco, vor der eine große Statue des 2015 (trotz indigener Kritik) von Papst Franziskus in Washington heiliggesprochenen mallorquinischen Kalifornienmissionars Junipero Serra OFM (1713-1784) die Besucher grüßt. Im Innern ist das Hochgrab des Philosophen, Theologen, Mystikers und Poeten Ramón Llull, der trotz seiner internationalen Bekanntheit als spiritueller Kopf neu zu entdecken wäre. Er beherrschte die arabische Sprache besser als das Latein der Scholastiker, nannte sich „christianus arabicus" oder „vir phantasticus" und formte seine katalanische Volkssprache so wie Martin Luther das Deutsche. Fälschlich wurde er von einigen als Alchimist verstanden, der die Formel zur künstlichen Herstellung von Gold kenne.

Llull, dessen Name später in Raimundus Lullus latinisiert wurde, war ein Pionier des interreligiösen Dialoges und beeinflusste spätere Denker wie Nikolaus Cusanus, Gottfried Wilhelm Leibniz und zuletzt seinen katalanischen Landsmann Raimundo Panikkar (1918-2010). Er wies als Universalgenie und unabhängiger Einzelner, der bei aller Nähe zu den Franziskanern weder einem Klerus noch einem Orden angehörte, voraus auf Leonardo da Vinci und die Renaissance. Georg W. F. Hegel bezeichnete ihn in seinen „Vorlesungen über die Geschichte der Philosophie" etwas lapidar als „exzentrisch – eine von den gärenden Naturen, die sich in allem herumwerfen". Damit ist vielleicht der Hegel weniger vertraute missionarische Dialog Llulls mit dem Islam gemeint. Kurt Flasch hat den belesenen Mallorquiner 2007 in einem luziden NZZ-Artikel gewürdigt, Hans Urs von Balthasar erwähnt ihn im Metaphysikband seiner „Herrlichkeit" und Adrienne von Speyr widmet ihm in ihrem „Allerheiligenbuch" ein sehr positives Gebetsporträt. Universitäre Wissenschaft hat sich in Forschung und Textedition in Palma de Mallorca („Patronat Ramón Llull"), in Barcelona, deren Universität seinen Namen trägt, und in Freiburg im Breisgau, wo 1957 zum Zweck der Herausgabe seiner lateinischen Werke ein „Raimundus Lullus-Institut" gegründet wurde, intensiv mit Ramón Llull befasst. Das Freiburger Institut, das von bedeutenden Gelehrten wie Friedrich Stegmüller, Helmut Riedlinger, Charles Lohr SJ und Peter Walter geprägt wurde, hat bisher 39 Bände der „Raimundi Lulli Opera latina" (ROL) herausgegeben und ist mit den spanisch-katalanischen Initiativen vernetzt.

Wer aber war nun dieser berühmte Denker und Dichter, Zeitgenosse des hl. Thomas von Aquin, der sich wie dieser in seiner „Summa contra gentiles" der geistigen Auseinandersetzung mit dem Islam widmete und durch seine mystischen Erfahrungen auf dem mallorquinischen Berg Ronda den Titel „Doktor Illuminatus" (erleuchteter Lehrer) erhielt?

Sein Leben

Ramón Llull wurde 1235 drei Jahre nach der Rückeroberung der von Mauren (wie damals Muslime genannt wurden) besetzten Insel Mallorca als Sohn eines wohlhabenden Kaufmanns am heutigen „Plaza del Major" in Palma geboren. Er hieß wie sein Vater Ramón Amat, bekam aber dann dessen Spitznamen „Llull", was Unkraut oder „Störenfried" bedeutet. Ramón war ein feuriger junger Mann, der sich mit eigener Poesie als Troubadour für von ihm verehrte verheiratete Damen betätigte. Seine stürmische Jugend gleicht der anderer später bekehrter Heiliger wie Augustinus, Franziskus, Ignatius von Loyola oder auch Charles de Foucauld. Um ihn zu „zähmen", verheiratete ihn seine Familie mit einer soliden Frau, die ihm zwei Kinder schenkte, um die er sich immer gekümmert hat. Aber Ramón verliebte sich als Troubadour erneut in eine verheiratete Frau, der er nachstellte und die vor ihm und anderen Verehrern dann in einer Kirche ihre von Krebs zersetzte Brust entblößte. Nach diesem Schock hatte er mehrmals eine erschreckende Vision des Gekreuzigten und entschloss sich zu einem streng religiösen Leben der Nachfolge. Reinhold Schneider hat der „Bekehrung des Ramón Llull" eine ergreifende Kurzgeschichte gewidmet. Ramón trennte sich von seiner Ehefrau, der er eine Rente besorgte, und zog sich zur Kontemplation in ein Kloster auf dem nahen Berg Ronda zurück. Dort erhielt er 1274 die göttliche Botschaft, die sein ganzes Leben bestimmen sollte:

> *„[…] dass niemand Christus einen besseren oder größeren Dienst erweisen könne, als aus Liebe zu diesem und zu seiner Ehre das eigene Leben und die eigene Seele hinzugeben. […] dass er selbst mit der Zeit ein Buch verfassen müsse, das beste der Welt, gegen die Irrtümer der Ungläubigen."*

Diesem Buch-Apostolat, das er als seine „Ars inveniendi veritatem" (Kunst der Wahrheitsfindung) bezeichnete, galt sein ganzes Schreiben, das durch teils sehr gefährliche Missionsreisen nach Nordafrika und bis Zypern, Armenien und Palästina, sowie durch Teilnahme an Disputationen und Kontakte mit der Kirchenhierarchie zwecks Einrichtung von Lehranstalten zur Erlernung der arabischen Sprache, vertieft und konkretisiert wurde. 1276 gründete er an der mallorquinischen Ostküste das Franziskanerkloster Miramar, das stets von 13 Mönchen bewohnt sein soll. „Ungläubige" waren für Llull Juden und Muslime, deren Ablehnung der Dreifaltigkeit und der Menschwerdung Gottes in Christus er ohne apologetischen oder polemischen Druck durch rationales Argumentieren verunsichern und widerlegen wollte.

Die Hispanistin Erika Lorenz (1923-2003) hat sich mit seinem Islamverständnis als Beispiel interreligiösen Dialoges befasst und in der Herder-Reihe „Texte zum Nachdenken" das handliche Llull-Lesebuch „Die Kunst, sich in Gott zu verlieben" (Freiburg 1985) herausgegeben. Zentral ist in der Auswahl das auch von Ignatius von Loyola und frühen Jesuiten sehr geschätzte Hauptwerk, das „Große Buch der Kontemplation" (1271-1273) mit geistlichen Aphorismen für jeden Tag des Jahres. Es beginnt „in der Kraft der Liebe" mit diesen Worten: *„O du mein Herr und Gott! So wie ein Mensch, der sich verliebte und seine Liebe in froher Kühnheit beginnt, so stehen wir am Anfang dieses Werkes mit einer Fröhlichkeit und Kühnheit, die aus der Kraft der Liebe kommt. Und wir bitten dich darum, o Herr, dass dieses ganze Werk in Liebe und Freude geschaffen werde"* (Lorenz, 35). Liebe und lebensbejahende Freude stehen im Zentrum des missionarischen Kontemplationsbuches: *„Mein Herr und mein Gott! Sei gelobt und gepriesen, denn große Freude wird dem Menschen, weil er sich im Sein erkennt und nicht des Seins beraubt. Ja, wir dürfen uns freuen, denn unsere fünf Sinne versichern uns, dass wir im Sein sind"* (70). Leider fehlt bisher eine Gesamtübersetzung des wichtigen Werkes, das viele Llull an die Seite des franziskanischen Kirchenlehrers Bonaventuras stellen lässt.

Bekannt ist auch der 1282-1287 in einer Zeit der Anfechtungen geschriebene spirituelle Papst-Roman „Blanquerna", der sich mit Fragen des Friedens und der Kirchenreform befasst. Schon kurz vor Coelestin V., der 1294 vom Petrusamt zurücktrat, beschrieb Llull erzählerisch einen Papstrücktritt in eine kontemplative Existenz. Es folgen Poesien, ein „Buch über die heilige Maria" (1290) als Säule der Mission, und Schriften wie „Ars brevis" (1308), die eine formale Logik entwerfen, mit der die Kybernetik und das Computerwesen vorbereitet wurden. Lull lehrt in dieser Zeit an der Pariser Sorbonne und findet viel Anerkennung. Er hat über 250 Schriften hinterlassen und „verkörpert geradezu die Maxime, dass Studium ein Weg zur Seligkeit sein kann" (Regina Einig). Im Alter wurde Llull nach dem Fall von Akkon (1291) in seiner Islammission intransigenter und befürwortete nun auch Kreuzzüge. Mit 84 Jahren wurde er dann zu Beginn des Jahres 1316 in Tunis nach einer provokanten Predigt gesteinigt und ist im Schiff auf der Rückfahrt nach Mallorca als Märtyrer verstorben. Auf seinen Wunsch hin wurde er im Franziskanerhabit im Chorraum der Klosterkirche San Francesco in Palma de Mallorca beigesetzt. Die Grabinschrift stammt aus seinem Buch „Der Baum der Liebesphilosophie": „Hier ruht der Freund. Er starb für den Geliebten und aus Liebe". Schon bald wurde Ramón als Seliger verehrt, für seine Heiligsprechung wird an seinem Grab weiter gebetet Zwei seiner zentralen Schriften seien noch kurz vorgestellt:

„Das Buch vom Heiden und den drei Weisen"

Wahrscheinlich war Llull Zeuge der interreligiösen Disputation von Barcelona (1263), die von Dominikanern unter der Leitung des hl. Raimund von Penyafort organisiert wurde und in deren Folge Ramon Marti OP ein „*Pugio fidei*“ (Glaubensdolch) genanntes polemisches Werk schrieb. Dies war Llull Anlass, weniger offensiv als die Dominikaner die Wahrheit des christlichen Glaubens für „Ungläubige“ (Juden und Muslime) darzulegen. In seiner poetischen Freiheit schrieb er 1273-1275 für seine Schule von Miramar das „*Libre del gentil e dels tres savis*“ (Buch vom Heiden und den drei Weisen), das zum markantesten Religionsdialog des Mittelalters werden sollte und direkten Einfluss auf Nikolaus von Kues‘ nach der Eroberung Konstantinopels (1453) verfasste Schrift „*De pace fidei*“ hatte. Dem von allen monotheistischen Religionen anerkannten universalen Heilswillen Gottes stellt Llull bildhaft in symbolischen Tugend-Bäumen als „ars lulliana“ die universale menschliche Vernunft gegenüber.

Die in einer malerischen Szenerie, einem Hain mit Bächen, Bäumen und wunderschönen Pflanzen, angesiedelte Schrift handelt von der Diskussion dreier weiser Männer – einem Juden, einem Christen und einem Sarazenen (Muslim) – und ihrer Begegnung mit einem Heiden, der weder Gott noch eine konkrete Religion kennt und daher in Erwartung seines Todes verzweifelt. Der Heide akzeptiert im Gespräch dankbar die von den drei Weisen gemeinschaftlich festgehaltene Existenz Gottes und die Notwendigkeit der Auferstehung der Toten. Dann aber muss er feststellen, dass die Vertreter der drei großen Religionen des Mittelmeerraumes in anderen Glaubensfragen – Messias, Menschwerdung, Dreifaltigkeit – uneinig sind und bittet um weitere Aufklärung, um sich entscheiden zu können. Die von

Llull kenntnisreich geschilderte Diskussion ist respektvoll und friedlich. Sie endet offen, ohne dass man erfährt, welche der drei Religionen der Heide gewählt hat. Die erhoffte Einigung soll mittels der Vernunft, die als „Dame Intelligenz" eingeführt wurde, nicht durch einseitige Apologetik oder Zwang erfolgen. Die Herbeiführung der Einheit der Religionen sei entschlossen zu fördern. Im Prolog der Schrift heißt es: „*Welch ein Glück wäre es, wenn alle Menschen zu einer Religion und zu einem Glauben kommen könnten! Bedenkt, ihr Herren, all das Unglück, das aus der Verschiedenheit der Religionen kommt! Und was wir gewönnen, hätten wir nur noch ein Gesetz und einen Glauben!*". Diese Sehnsucht ist für Llull aber kein Synkretismus oder Verzicht auf die Wahrheitsfrage. Der Trierer Llull- und Cusanus-Forscher Walter A. Euler meint: „Ramón Llull war [...] zutiefst davon überzeugt, dass das Christentum die wahre Religion ist, die alle zum Heil führt, und als solche auch von den Nichtchristen erkannt werden kann, sofern ihnen die Überlegenheit der christlichen Glaubenslehren vernunftgemäß erklärt wird". Mit seiner Betonung vernünftiger (statt dogmatischer) Argumentation widersprach der Laientheologe und Franziskaner-Terziar Llull der herrschenden Missionstheologie seiner Zeit, wie sie von den Dominikanern Thomas von Aquin und Ramon Marti betrieben wurde, unterscheidet sich aber auch klar von Lessings relativistischer Ringparabel „Nathan der Weise". Eher steht er in der Tradition des Benediktiners Anselm von Canterbury, der von „notwendigen Vernunftgründen" (*rationes necessariae*) für den christlichen Glauben sprach und dessen Programm lautete: „*Fides quaerens intellectum*", der Glaube, der nach Einsicht sucht, und „*credo ut intelligam*", ich glaube, damit ich verstehe.

Das Buch vom Freunde und vom Geliebten

Das berühmteste Werk Ramón Llulls, genannt „die Perle seines Schaffens" und „Juwel christlicher Mystik", ist das im Blanquerna-Roman enthaltene „Buch vom Freunde und vom Geliebten" (Libre de Amic e Amati). Es liegt, übersetzt und eingeleitet von Erika Lorenz, seit 1992 als Herder-Taschenbuch vor. Blanquerna ist der pseudonyme Verfasser der wie im Kontemplationsbuch 366 Aphorismen für jeden Tag, auch für ein Schaltjahr. Motiviert wurde er im Gebet durch die Einsicht, „*dass die Kraft der Liebe keiner Methode und Weisung bedarf, wenn nur der Freund seinen Geliebten von ganzem Herzen liebt*". Dabei ist mit Freund „jeder treue und gläubige Christ" gemeint, mit dem Geliebten „Gott, unser Herr". Blanquerna/Llull erwähnt die Inspiration durch Vertreter der islamischen Liebesmystik des Sufismus, die parallel in dem gebürtigen Afghanen und größten persischen Dichter Rumi (1207-1273) ihren Höhepunkt erlebte (seit 2021 erscheint in Übertragung aus dem Persischen von Otto Hoeschle eine Rumi-Gesamtausgabe im Xantener Chalice-Verlag). Die Liebesallegorien und geistlichen Sentenzen von Llulls „Buch vom Freunde und vom Geliebten" sind des ehemaligen Troubadours und Vertrauten der provenzalischen Sprache lyrische Meisterleistung und galt als das Lieblingsbuch des spanischen Königs Philipp II.

Llull knüpft nicht wie der große Mystiker und Lyriker Johannes vom Kreuz in seinem „Geistlichen Gesang" an die Brautmystik des Hohelieds der Bibel an, sondern schließt sich der Sufi-Kunst an, die wie Platon die gleichgeschlechtliche Liebe als manchmal als geistiger und sublimer beurteilt. Das ist in Zeiten der Genderisierung ein spannender Aspekt, der die erotische Kraft der Liebe transzendiert und von geschlechtlicher Differenz unabhängig macht. Sowohl der Mann als auch die Frau können in Gott Liebende und Geliebte sein. Oft sind in den Versen der Liebende und der Geliebte in ihrer Sehnsucht und Erfüllung austauschbar. Das generische Maskulinum ist bei Llull inklusiv, nicht exklusiv zu verstehen. Der Troubadour gegenüber der geliebten Dame und der liebende Freund gegenüber seinem geliebten Gott können vor Liebe „närrisch" sein. Zwei Beispiele: „*Es gibt weder Nähe noch Ferne zwischen dem Freund und seinem Geliebten. Ihre Liebe ist ununterscheidbar, so wie sich Wasser und Wein vermischen; man kann sie so wenig trennen, wie Wärme vom Feuer; wie Sein und Wesen sind sie einander vereint*" (50). „*Der Freund blickte auf sich selbst und sah wie in einem Spiegel seinen Geliebten. Und er blickt auf seinen Geliebten und sah wie in einem Spiegel sich selbst. Und es erhebt sich die Frage, welchem der beiden Spiegel sein Verstehen näher war*" (350). Immer wieder aber erscheint im Geliebten bei Llulls poetischen Sentenzen das Antlitz Christi, der aus Liebe Mensch wurde und den Kreuzestod starb. Das Buch soll die Leser auf den Weg der Liebe führen und dabei ermutigen. Es ist nicht zur schnellen Lektüre geeignet und erschließt sich nur meditativ.

Llulls eigenes spätes Lebensgedicht „Cant de Ramón“ (1299) endet pathetisch mit den Versen:

Nun bin ich arm, verachtet, alt,
die Menschen gehn vorüber kalt,
ich finde nirgends Hilf‘ noch Halt.
Ich suchte Großes in der Welt
Und schuf ein Werk, das Gott gefällt,
jetzt ist mein Ruf verweht, verhallt.

Nun lass mich sterben, Herr, im Meer
der Liebe, das so groß und hehr,
dass Fürst und Pfaff mir nimmermehr
verwehren kann den Tod zur Ehr‘,
zum Preise deiner Herrlichkeit:
Ich bin nicht würdig, doch bereit.

Vatican-Magazin 12/2023

AUS DEM HERZEN DENKEN -

vor 400 Jahren wurde der Religionsphilosoph Blaise Pascal geboren

Es handelt sich bei Blaise Pascal (1623-1662) um einen der größten christlichen Denker der Neuzeit. Bekannt sind die Zitate aus seinen eher fragmentarischen und aphoristischen Schriften wie: „Le cœur a ses raisons, que la raison ne connaît pas - das Herz hat seine Gründe, die der Verstand nicht kennt"; „Jésus est en agonie jusqu'à la fin du monde – Jesus ist im Todeskampf bis zum Ende der Welt". Oder: „L'homme surpasse l'homme infiniment". Wenn „der Mensch den Menschen unendlich übersteigt", was kann ein postmoderner Transhumanismus dann noch Neues bringen? Dazu kommt aus dem mystisch-feurigem „Mémorial" von 1654 die Gegenüberstellung: „Gott Abrahams, Gott Isaaks, Gott Jakobs, nicht der Philosophen und Gelehrten". Pascal ist einzigartig und überzeitlich ein Fels des Glaubens, kein Steinbrocken, aus dem man sich Zitate herausschlägt. Eine „Jansenistenphobie" (Albert Raffelt) hat ihn bei vielen verschattet und verfälscht, sogar beim sonst verständigen Romano Guardini, der den boshaft-falschen Satz schrieb: „Er [Pascal] hat auch kein ursprüngliches Verhältnis zur Kunst. Architektur, Malerei, Plastik bedeuten ihm nichts, am fremdesten ist ihm offenbar die Musik."

Für den Christentums-Kritiker und Ästheten Friedrich Nietzsche war dagegen der vor 400 Jahren in Clermont, der Hauptstadt der Auvergne, geborene Mathematiker, Physiker und geistliche Schriftsteller Blaise Pascal „in der Vereinigung von Glut und Redlichkeit der erste aller Christen" (Morgenröthe), den er als „einzigen konsequenten Christen" bezeichnet, den er „nicht liest, sondern liebt" (Ecce homo § 3). Nietzsche, der sich kurz vor seinem Turiner Zusammenbruch im beginnenden Wahn selbst als „der Gekreuzigte" verstand, realisierte nicht mehr Pascals eigene Liebe zum „Mysterium Jesu" und bedauerte in einem nachgelassenen Fragment, dass dieser 1662 mit 39 Jahren „zu früh starb, um aus seiner prachtvollen, bitterbösen Seele heraus über das Christentum hohnzulachen, wie er es früher und jünger über die Jesuiten getan hat". Damit sind die ab 1656 im Geist des Jansenismus des Klosters von Port Royal, in das seine geliebte (und ebenso begabte) jüngere Schwester Jacqueline eintrat, geschriebenen polemischen „Briefe in die Provinz" gegen die angeblich laxe Jesuitenmoral angesprochen. Sie gehören aufgrund ihrer stilistischen Meisterschaft zur Weltliteratur und ähneln Sören Kierkegaards letzten Augenblick-Schriften im Kampf mit der dänischen Staatskirche.

Wie niemand anders hat Nietzsche in Deutschland überkonfessionell den Blick auf Pascal gerichtet. So setzten sich nach dem Newman-Vermittler Matthias Laros (Trier) der „Hochlandkatholizismus" und Max Scheler mit ihm auseinander. Romano Guardini widmete ihm 1934 die Essaysammlung „Christliches Bewusstsein", Erich Przywara SJ sah bei Pascal eine Nähe zu Martin Luther, Hans Urs von Balthasar nimmt ihn 1962 als „laikalen Stil" in seine theologische Ästhetik „Herrlichkeit" auf und konzentriert sich in einem Aufsatz auf „Die Augen Pascals". In Frankreich war er wichtig für Maurice Blondel, der in ihm einen Überwinder des Jansenismus sah. Der verdiente Heiligenbiograph Walter Nigg nahm ihn 1949 in sein „Buch der Ketzer" auf. Eine letzte große Auseinandersetzung in augustinischer Perspektive erschien 2020 vom nichtgläubigen Philosophiehistoriker Kurt Flasch: „Christentum und Aufklärung. Voltaire gegen Pascal" (Frankfurt a.M. ²2021). Sie ist intellektuell ansprechend, berücksichtigt aber nicht die vorzügliche deutschsprachige Sekundärliteratur von Albert Raffelt / Peter Reifenberg (Würzburg 2011), Otto Weiss (Regensburg 2012) und Markus Knapp (Paderborn 2014).

Religiöse Themen

Ersten Ruhm erhielt das „Universalgenie" (Albert Raffelt) 1640 durch einen mathematisch-geometrischen Aufsatz über Kegelschnitte und mit 19 Jahren durch die Erfindung einer Rechenmaschine für die Arbeiten seines Vaters. Er machte Experimente über die Existenz des von der alten Scholastik metaphysisch geleugneten Vakuums. 1651 erscheint ein „Traktat über die Leere" und nach dem Tod des Vaters im selben Jahr beschäftigte er sich zunehmend mit religiösen Fragen, obwohl er sich kurz vor seinem Tod noch Plänen für das Pariser Omnibusnetz als Vorläufer der

Metro widmete. In seiner Bildung war er geprägt von den Essays Michel de Montaignes. Während der ihm bekannte philosophische Zeitgenosse René Descartes in der nach ihm benannten „cartesianischen Wende“ mit dem methodischen Zweifel arbeitete, ging es Pascal um die Gewissheit des Glaubens und Erkennens. Seine religionsphilosophischen Gedanken („Pensées“) werden auf Notizzetteln festgehalten und später von Editoren in eine vermutete Ordnung gebracht. Im Deutschen ist die an der Pléiade-Ausgabe von J. Chevalier orientierte auch hier verwendete Übertragung von Hans Urs von Balthasar, die neben den „Pensées“ auch die wichtigsten kleinen religiösen Schriften enthält, zu empfehlen (Einsiedeln 1982). Den Anfang macht dort der Text des nach seinem Tod in seinem Rock als Zettel eingenäht gefundenen „Mémorial“ mit einer mystischen zweistündigen „Feuer“-Gotteserfahrung. Es folgt die Betrachtung „Über die Bekehrung des Sünders“ und das verbreitete „Gebet, um von Gott den guten Gebrauch der Krankheiten zu erlernen“. Die „Gedanken“ sind dann eine Apologie des Christentums, eine Art zeitlose Fundamentaltheologie, die die Vernunft sowohl gebraucht und gelten lässt als auch Gott unterwirft: „Unterwirft man alles der Vernunft, so hat unsere Religion nichts Geheimnisvolles noch Übernatürliches mehr. Verletzt man die Grundsätze der Vernunft, wird unsere Religion absurd und lächerlich“. Deshalb bedarf der mathematisch-geometrische Geist der Ergänzung durch den intuitiven „Geist des Feingespürs“ (finesse), um die Menschen zu ihrem Herzen zurückzurufen, denn „das Herz ist es, das Gott spürt, nicht die Vernunft“.

Im Kosmos steht der Mensch für Pascal zwischen den zwei Unendlichkeiten des unendlich Großen und des unendlich Kleinen, zwischen Fernrohr und Mikroskop, im Leben steht er zwischen Elend (misère) und Größe (grandeur). Das Elend der mit mathematischer Exaktheit analysierten „condition humaine" sind trügerische Mächte, Eigenliebe, Hochmut, Eitelkeit und Zerstreuung. Die Größe des Menschen besteht zuerst darin, „dass er sich als elend erkennt. Ein Baum erkennt sich nicht als elend". Darum ist das richtige Denken die Größe des Menschen. Dazu gehört für Pascal augustinisch und gegen Rousseaus gute Natur auch die Anerkennung der Realität der Erbsünde: „Sicher befremdet uns nichts härter als diese Lehre; und doch bleiben wir ohne dieses unverständlichste aller Geheimnisse uns selber unverständlich. Der Knoten unserer Lage erhält seine Verwicklungen und Schlingen in diesem Abgrund" Die Folge ist, dass der Mensch nun, von der Unsterblichkeit seiner Seele überzeugt, Gott suchen und finden muss. Dabei wird er durch die Dickichte der sophistischen Philosophien und falschen Religionen geführt, bevor er die Wahrheit findet. Da die theoretische Vernunft weder die Existenz noch die Nichtexistenz Gottes beweisen könne, macht Pascal unter der Überschrift „Unendlichkeit – Nichts" den genialen Vorschlag einer Wette, der auch jeden Fundamentalismus-Verdacht von ihm abhält. Man setze in einer Wette auf die Existenz Gottes – wenn sie zutreffe, habe man alles gewonnen, wenn nicht, nichts verloren. Das fanden einige zwar banal und zu spielerisch, aber es hat einen apologetischen Sinn, der in die Geschichte einging.

Das Mysterium Jesu

Hauptmotiv des Glaubens in der wahren Religion ist für Pascal aber nun die Person Jesu Christi selbst als einzig Vorausgesagte und Wunder Vollbringende. In ihm fallen Wahrheit und Liebe zusammen. Er ist gegen den Jansenismus „der Erlöser aller", wie auch in der Kreuzdarstellung mir den ausgebreiteten Armen (statt senkrecht in die Höhe) deutlich wird. In ergreifender Rhetorik wird das deutlich im berühmten Text „Das Mysterium Jesu". Angesichts seines Leidens schlafen die Jünger im Garten Getsemani, Jesus führt den bitteren Dialog, klagt aber nicht an, sondern tröstet: „Du würdest mich nicht suchen, hättest du mich nicht gefunden. Ich dachte an dich in meinem Todeskampf, ich habe diese bestimmten Blutstropfen für dich vergossen". Es folgt ein erbaulicher und strenger Beichtdialog mit dem Gekreuzigten wie in den Exerzitien des Ignatius von Loyola: „Beunruhige dich also nicht".

Wie Paulus, Augustinus und Martin Luther ist Blaise Pascal Christozentriker, wie Sören Kierkegaard denkt er existentiell und ohne „billige Gnade". Sein Werk gehört zur Neuzeit und seine Argumente sind zeitlos gültig. Auch heute „beginnt das Unglück des Menschen damit, dass er außerstande ist, mit sich allein in einem Zimmer zu bleiben" (ohne TV und Internetanschluss). Pascal entzieht sich jeder kirchenpolitischen Vereinnahmung und will allein Gott die größere Ehre geben. Seine feurigen Gedanken und ihre stringente Logik faszinieren auch im 21. Jahrhundert.

Die Tagespost vom 15. Juni 2023